企业文化

落地与突破

许　萌◎编著

中国财富出版社

图书在版编目（CIP）数据

企业文化落地与突破/许萌编著．—北京：中国财富出版社，2014.6
（华夏智库·金牌培训师书系）
ISBN 978-7-5047-4862-1

Ⅰ.①企…　Ⅱ.①许…　Ⅲ.①企业文化　Ⅳ.①F270

中国版本图书馆 CIP 数据核字（2013）第 228960 号

策划编辑 范虹轶　　**责任印制** 方朋远
责任编辑 周　南　姜莉君　　**责任校对** 梁　凡

出版发行 中国财富出版社
社　　址 北京市丰台区南四环西路 188 号 5 区 20 楼　**邮政编码** 100070
电　　话 010-52227568（发行部）　010-52227588 转 307（总编室）
010-68589540（读者服务部）　010-52227588 转 305（质检部）
网　　址 http://www.cfpress.com.cn
经　　销 新华书店
印　　刷 北京京都六环印刷厂
书　　号 ISBN 978-7-5047-4862-1/F·2143
开　　本 710mm×1000mm　1/16　　**版　　次** 2014 年 6 月第 1 版
印　　张 15.75　　**印　　次** 2014 年 6 月第 1 次印刷
字　　数 226 千字　　**定　　价** 35.00 元

前　　言

如果把企业文化比作企业的灵魂，那么《企业文化落地与突破》这本书，就是净化灵魂的洗礼；而在企业内持之以恒地贯彻落实企业文化，并在企业内部将企业文化工作体系化、流程化、制度化，则是企业文化建设的最高境界——企业信仰，或者说企业宗教。

一般而言，要在企业内部形成一种企业信仰或企业宗教是一项比较困难的工程，因此，本书不同于其他类型的企业培训书，它更倾向于思维方式、精神追求上的训导，是一种价值观的追求，更是启迪思想、重塑心灵的过程。

那么企业文化如何落地与突破呢?

首先，企业文化更注重落地。

企业文化落地的目的是要让企业全体员工统一认识、理解企业文化，并让企业文化渗透和影响企业经营管理过程中的每一个细节，而不是可要可不要。目前人人都说企业文化重要，但在实际工作中却给了企业文化一个“尴尬的身份”：说起来重要，做起来可要可不要，忙起来就不再要。因此企业文化成了束之高阁的奢侈品，这是由于企业文化理论与实践形成与发展的时间不长，前期在进入我国企业时形成了企业文化建设的一些误区，使企业文化成了贴在墙上的宣传标语，或仅仅是丰富员工生活的文体活动等。

企业文化落地不同于企业的其他专业知识技能培训，只需将一般的理论知识讲通、讲透，让企业员工理解并懂得掌握即可，企业文化落地更需要以“样板工程”为典范来加深员工对企业文化的理解与认识。

其次，企业文化落地更注重切合企业实际和行业特征。

企业文化对于任何企业而言都是个性的，放之四海而皆准的企业文化是没有个性的企业文化，即使落实到具体实际中去，也变成了“形而上学”的模式。例如，个个企业都讲求“以人为本”，但体现在不同的用人方式时，不同的企业文化倾向就立刻显现出来：创业初期的中小型企业，在招聘时会考虑技能、才干强的人，恨不得是一专多能的复合型人才；而成功的大中型企业，在招聘时更考虑到个人的团队协作性与执行力，正如松下公司的用人标准——只要70分的人才。

最后，企业文化的最终胜利与否取决于是否与消费者文化进行完美的融合。

因此，企业文化落地与突破也不同于管理技能培训等培训课程，它一定要结合企业实际情况，针对性地拟订培训计划与选择培训案例。

鉴于企业文化的特点，本书通过一些的失败案例来层层剖析“企业文化魂不附体症”、因企业文化缺失而导致的企业“过劳死”、企业文化荒漠成为品牌企业的葬身之地等事实，来说明企业必须要建立立足于本行业特征及企业的实际情况、基于消费者“诚信”文化的核心价值观。提升企业凝聚力的企业文化系统，而系统化的程度将决定企业文化影响力量的强弱！本书不仅精选了大量经典优秀企业文化的成功案例、内容、管理寓言，更总结提炼了毛泽东领导全国人民取得革命胜利的11招制胜法宝，启发读者思考，有助于知识点接受与强化记忆。

企业文化的关键在于“落地生根”接地气，而接地气的关键在于建立简洁的企业文化沟通方式，用通俗易懂的语言“入心入理”，因为文化就在你（员工）心中，企业文化落实不仅需要企业的“心”，更需要员工的“心”！

企业能否不断地创造新的价值决定着企业能否持续，企业文化需要的是不断突破与创新。从“心”到“行”的文化“落地”，才能使企业文化从无形走向有形、从精神层面落实到具体行动。

本书是第一本针对企业文化落地与突破的实操手册，其目的是使关注企业文化的企业管理者和需要在实施企业文化培训的人力资源或企业文化工作者在分析案例的同时，轻松掌握与领会企业文化落地与突破的理论内容与方法技巧；由于其贴近现代企业内部的实际所需，因此也可以作为企业开展内训的基本教材之一。

本书出版，在此首先要感谢多年来支持和信任中堂国际咨询的客户们，是他们的信任与支持，才有了本书这些活生生的真实案例，为本书积累了大量宝贵的实战经验。其次，要感谢中堂国际咨询的战友们，是这支充满激情与活力的团队，专注、专业不计代价地全方位合作，才能在很多看似不可能的情况下，一次又一次漂亮地完成了客户的期许，赢得了客户的尊重，为本书的诸多理论奠定了坚实的现实基础。再次，要感谢华夏智库的张杰老师，他本人及团队为本书的出版给出了非常专业的宝贵意见。最后，要感谢我的家人，是他们在后方默默支持，为我承担本该由我承担的数不清的烦琐而又不可或缺的后勤保障工作，才让我得空静心将几年来的工作实战案例及操作经验得以总结，希望借此为助力民族企业的长足发展，尽自己一份绵薄之力。

另外，还要真诚感谢秦富洋、王京刚、陈宁华、王军生、辛海、蒋志操、王咏、赵国星、王奇珍、陈妙峰、江晓兴、王道国、张艳杰、赵志刚、吴波、杨勇等人在制图、文字修改以及图书推广宣传方面的协助。

编 者

2014 年 1 月

目　　录

第一章

荒漠——日益沙漠化的中国企业文化

企业文化虚脱是指企业文化理念与员工实际行为两张皮，甚至相背离，恰似人的灵魂与肉体相分离，这就是典型的“企业文化魂不附体症”。企业文化缺失让企业“过劳死”，企业文化荒漠成为品牌企业的葬身之地。

品牌之死——明星企业很快变成流星企业

有些影视演员出演一两部戏火了，一夜之间突然成明星了。一时间，电视上的广告，基本上都是他（她）做的。可是，几个月之后他（她）就突然销声匿迹了，此后再也见不到此明星演的戏和做的广告了，他（她）就成为人们常言的“流星”了。

很多明星企业也是如此。不信？那你可以扳着手指数数，国内的许多企业，从明星很快沦陷为流星的，可谓不胜枚举，如安迪光电科技有限公司、江山市纺织有限公司、厦门进雄企业有限公司、高盛科技有限公司、宏昌制革有限公司、亿达生物科技有限公司……这些优秀的企业，曾在经济改革的大潮中作出了不可磨灭的贡献。但是，这些曾经名噪一时的“明星企业”辉煌了三五年之后，纷纷沦为了“流星企业”，给世人留下无尽的遗憾。

回顾一下这些“明星企业”，曾经是何等的辉煌：安迪光电的年产值约在1亿~2亿元；江山纺织曾是江山市棉纺企业中名副其实的“大哥大”，也是浙西地区重点骨干民营企业，曾荣获“国家免检产品”“浙江省著名商标”等名誉称号；厦门进雄曾先后荣获“全国外商投资出口先进企业”“出口收汇荣誉企业”“中国500家最大外商投资工业企业”“全国外商投资双优企业”等称号；宏昌制革是海宁四家最大的制革企业之一，2011年产值达2.6亿元；高盛科技在湖州地区有10余个分公司，产业遍及德清、南浔、安吉；亿达生物则为平湖市唯一一家国家级农业龙头企业。它们在成名之前都是默默无闻的小工厂，其惊人的发展速度与业绩令世人羡慕，这也为日后变成“流星企业”埋下了伏笔。

这就给我们提出了一些问题：为什么中国的很多明星企业很快成为流星企业？中国企业在成长和发展过程当中究竟面临着什么样的问题呢？

众所周知，一个企业成长和发展的核心是可持续发展。而这其中具有两个层次的含义：第一，企业如何不断地生存下去？作为一家企业，无论你从哪个角度讲，生存是真理，这是一个企业变成一个长寿企业的关键一步。第二，如何才能生存得更健康、更壮大？企业不仅要生存得长，还要活得健康、强壮，这就要求企业家不断地去想方设法把企业做强做大。中国企业在成长过程中，有很多一夜成名，但很快从明星企业沦为流星企业的情况发生。这个问题一直困扰着企业界。

的确，一个企业是否能持续生存下去有两个要素起着决定性的作用。一是理念依据。你的企业能否长久生存下去，关键在于企业家有没有理念依据。换句话说，就是你有没有文化，有没有自己的核心价值观，以及对企业的未来、战略有没有系统性的构想。二是客观依据。企业能不能够持续地生存下去，只有理念是远远行不通的，必须要有市场，而且必须是一个有前途的市场，因为只有大市场才能孵化出大企业。找到了一个有前途的市场，并不意味着企业就能够无忧无虑地生存下去，还取决于能不能赢得客户的忠诚。

我们明白：一个企业的常青，其核心的基础是文化建设，因为文化管理是企业管理的最高境界。而现代企业管理最高层次的竞争也是文化的竞争。这是有事实依据的：三流企业卖的是力气，二流企业卖的是产品，一流企业卖的是技术，超一流企业卖的是标准，卓越型企业卖的是文化。

对于企业为何会从明星沦为流星，我认为原因有三：

一是缺乏明确的战略意图。战略是企业走向何方的蓝图，没有战略的企业就好像没有方向盘的汽车，在高速公路上会被其他车辆撞得粉身碎骨。尽管高盛科技有限公司似乎提出了自己的战略，老总也在公司的会上宣称，公司到什么时间就会达到多少亿的利税，让人想不到的是，言犹在耳，高盛的大厦已轰然倒塌。

二是缺乏独特的竞争优势。安迪光电科技有限公司、江山市纺织有限

公司、宏昌制革有限公司，这三家企业的产品单一，科技含量低，形不成核心竞争力。公司的竞争手段像事先商量好了似的基本一致：先组建一支庞大的营销队伍，再投入巨资在广告上，做到一夜成名，销售量和销售收入大增。他们不知道，这种竞争方式很快会被竞争对手模仿并超越。

三是缺乏危机意识。粗略一看，大家会认为这些明星企业的倒塌是由于偶然的因素导致的：安迪光电急于转型，江山纺织盲目扩张，安迪光电急于扩大企业规模。但仔细分析一下，我们就会发现，一个突发事件可以让一个庞大企业在一夜之间倒塌，就深刻反映出该企业的管理体制是多么的不健全。

所以我们说，一个企业要想立足于不败之地，并成为社会经济发展的中坚力量，它必须对企业文化有一个清醒、正确的认识，并建立起一套行之有效的企业文化，使之融入到整个社会文化之中。可以说，企业文化的建设，就是帮助一些企业去完成一个系统思考，这是企业长久发展的关键。

文化虚脱——企业文化理念与行为严重背离

笔者曾亲身经历这样一件事儿，那是在一家国家综合性三级甲等医院准备生产。在做最后的产前检查时，因为生产前不小心摔了一跤，所以躺下后，没人帮助的话是起不来的。当躺在床上做完检查，准备起来时，我非常客气地请求护士帮忙，这位护士竟然说出一句让我非常吃惊的话：“又没有死，不会自己起来啊?!”当时，我怒火一下冲上来了，但还是尽量克制住了自己的情绪，说：“护士姑娘，您能不能好好说话?”“我就这么说话，怎么啦?”“你们医院不是‘待病人如亲人’吗?你们医院网站上不是写着‘人民满意，是我们永恒的追求’吗?”“那是领导的事……”事情的发展可想而知，最后是以领导出来赔礼道歉为结局。

这让我联想到有些企业的文化现象，那就是企业的理念很时髦、很先进，可以与国际最先进的企业理念接轨，但企业领导者和员工的行为却很“小人”，企业文化理念与行为严重背离，造成文化虚脱症。可以说，因为员工心理契约的缺乏，导致企业的形象差、口碑坏。其根源在于企业文化没有落地，仅停留在时髦的口号与词汇上。企业文化缺乏内在的推进机制与执行系统，企业行为与员工行为缺少自律机制。心理契约的缺乏，导致企业内部交易成本高。企业文化体系建设，重在使企业的文化生根落地，而不仅仅是追求一个时髦的文本，这需要把企业文化渗透到企业的制度建设、流程建设及员工的行为规范中去，并把制度建立在心理契约的基础之上，使员工行为有良好的自律性，使企业进入组织管理的最高境界——文化管理。说到这里，就不得不提提我去一家国有银行提款时见到的一件事。

一位来自农村的小伙跨行提款后，问银行一位营业员为什么跨行提款的手续费涨到了 4 元，没想到这位营业员厉声说道：“你怎么会不知道?”农村小伙不紧不慢地说了一句：“也没有通知我呀!”这位营业员竟然说道：“你以为你是谁呀，你是中央领导?”这位长相老实的农村小伙当时就蹦起来了。难道这就是国有银行一贯倡导的让客户“放心、顺心、舒心、动心”的服务理念?!

的确，银行跨行提款的手续费涨得有点让人摸不着头脑。一方面，涨了，不接受也得接受，而且是银行大佬们“步调一致”，你还没法用脚投票，至于是不是“串谋”，国家发改委也没有证据；另一方面，心里有点发虚，知道一涨就会引发公众的反弹情绪，说实话自己的服务确实不怎么样，还老涨价，实在不好意思当面锣对面鼓地涨价，于是就打算先把孩子生下来再领证。

这些银行的企业文化，在他们银行办公室的墙上张贴着，在业务大厅的拐角处和电视墙上也处处可见，如果让银行的工作人员背出这些条文，

也许他们会倒背如流。可是，这些工作人员嘴上喊着放心，却时时在做着让客户担心的事；喊着顺心，却做着让客户恼火的事；喊着动心，却做着让客户愤怒的事。这真是让人难以理解！看来，这些银行的所谓文化，只是喊出来给客户听的。这就是典型的企业文化理念与员工实际行为两张皮，甚至相背离，就好像人的灵魂与肉体相分离，也就是“企业文化魂不附体症”。

企业若要文化之魂回归本身，就需要建设一个行之有效的企业文化。首先，对于已经提炼得很好的企业文化理念，需要制定成各种制度，不仅要张贴在墙上，让员工时时都可以看到，更重要的是要让这些张贴在墙上的价值观、理念深入到所有员工的内心，让员工在工作中一一表现出来。

需要提出的是，很多企业认为举办各种活动就是做企业文化的全部，于是，对外大肆宣传自己如何如何举办活动，如何如何做企业文化。其实，这些活动的作用是把企业文化理念一步步深入人心，而不是拿出来炫耀的。企业文化只有深入每一位员工的心，让员工接受并认同，才算有了一个良好的开端。

其次，有了良好的开端之后，要将企业文化理念内化为员工行为。社会公众及企业的客户是通过员工行为来认知并感受企业文化的，因而员工不仅要接受企业文化，还要在自己的行为中把这些文化理念表现出来。如果上述事例中的银行工作人员在工作中按企业文化的要求去做，也不会出现那样冰冷的服务态度，说出伤害顾客感情的话。

最后，企业文化转化为员工行为，仍不是企业文化建设的最终目的，最终目的是在企业内形成一种氛围。如海尔前总裁张瑞敏说过这样一句话：“企业文化就像空气一样存在于企业中，人员流动可以带走客户资源、内部材料，但带不走企业文化。”这是真理！企业文化一旦形成氛围，无形中同化着企业每一位员工，有时候甚至可以从员工行为中看出他是哪个企业的，这就是企业文化的力量。做好以上三个步骤，文化之魂即回归企业之体，企业文化也就不会让人难以理解了。

良好的企业文化对企业经营有直接的推动作用，而只是贴在墙上的企业文化标语对企业经营会产生不良的负面影响。比如，美国安然公司的失败，根本原因就是该企业的文化严重偏颇："只能成功"，背后的意思是让人作假；"只重结果"，人才在公司中就被轻视。再加上媒体的推波助澜，安然公司彻底走向灭亡之路。所以说，失败的企业也不是没有企业文化，而是企业文化理念与行为严重背离，才导致了其一步步走向失败。

政令不通——中高层与基层沟通存在障碍

许多孩子的家长会遇到这样一个问题：随着孩子年龄的增长，发现孩子越来越不听话了，特别是在孩子十多岁以后，逆反心理特别重，常常是你让他往东，他偏往西。这与企业中高层与基层之间的沟通何其相似！

企业内部常出现这样的问题：企业中高层与基层之间，对一些最基本的企业核心价值观、基本理念达不成共识。这使得很多企业家感到困惑，以为员工的执行力越来越差了。

我曾经问过某位在国内很有名望的企业家："你为什么要买那些书给员工读?"他回答说："我现在的理念很好，我的战略没问题，就是缺乏执行力。"我反问："员工为什么缺乏执行力？责任在谁?"他尴尬地笑着说："这正是我一直困惑的地方。"

我个人认为，执行力不足不是领导力不够，而是因为企业的理念、战略缺乏完整的传递系统，基层员工并不理解你要干什么。企业家对员工提出什么样的要求，企业要向何处去，企业要有什么样的核心价值体系，对企业未来要采取什么样的战略，基层员工对这些基本问题没有办法准确地理解，就很难执行，彼此之间也就失去了共同语言。

企业只有建立共同的语言系统，比如"甄嬛体""红楼体""华为体"，

基层员工才能理解中高层的战略意图，理解中高层所提出的要求，才能正确地去执行企业的战略。而彼此间达不成共识，就很难具有执行能力。所以，具备执行能力的前提是必须要有有效的沟通系统，尤其是中高层与基层员工之间必须要建立有效的文化传递系统。

我发现许多企业中高层与基层难以达成共识并存在沟通障碍：中高层一人说了算，基层牢骚多。一般情况下，在企业处于创业时期时，中高层身先士卒并与下属打成一片，下属也能充分领悟到中高层的意图。但随着企业的发展，中高层越来越独断并与下属拉开距离，与下属沟通的机会少了，中高层的话下属也越来越听不懂、弄不清，而中高层则发现下属跟不上自己的思路和行动节拍。这就是明显的企业内部职责不明、责权不对等、“一把手”集权现象。这给上下级沟通造成了严重障碍。常见的现象有：责权不明确（通常是责任大于权利），即使员工提出不同意见也很难被中高层采纳，久而久之员工的积极性被打消；中高层承担权责，基层员工不承担决策责任，就不屑于提出相关意见；基层员工为了规避责任风险，故意不提相关意见；更有甚者，某些员工为了讨好领导，明知有些决策有问题也照样执行。

这样，中高层就失去了基层的“谏言”，结果就是离市场、客户越来越远。因为基层对市场、客户的信息了解得最清晰和准确。当中高层失去谏言、闭门塞听，仅凭个人经验和喜好做决策时，企业无疑面临巨大的风险。所以，这就不难理解为什么有些企业会出现“王小二过年——一年不如一年”的情况。而让基层执行错误的决策，无疑会让他们陷入“两难”：一方面，他们知道这个决策是错误的；另一方面，他们必须执行这个错误决策。所以，中高层与基层的沟通会十分困难。基层员工会给出一千个理由说明这个决策是错误的，而中高层还要让下属执行，并完成目标。于是，基层员工只剩下天天抱怨的份儿。

我发现，在这样的公司工作的基层员工不是不了解公司战略，就是漠视公司战略。有相当一部分员工认为战略只是几句口号，是公司中高层闭门造车的产物，也有相当一部分员工认为公司的战略是有问题的，他们总是抱怨公司中高层不了解客户、市场和竞争对手。另外，有些中高层居然对员工的抱怨置之不理或认为他们是无事生非，当决策实施下去，出了问题才醒悟过来。

所以，让中高层和基层之间有效沟通是企业成败的关键，这就必须建立起一个有效沟通机制。这个沟通机制必须有文化保障、体制保障和制度保障。文化保障指构建开放包容、民主自由、和谐共处的企业文化。企业员工需要有更开放的思想和海纳百川的胸怀，接受和包容新事物、新理念。企业需要给予员工更充分的言论自由，尊重民主。员工之间和谐共处才有沟通基础，必须打破高层忽视基层、基层鄙视高层的怪圈。体制保障，广义上指现代公司治理结构，引进职业经理人机制，企业大权不再集中于老板一人身上；狭义上指部门职责定位明确，上下级之间责权清晰，责权对等。体制保障有利于打破“一言堂”，促进员工各尽其责、各尽其职、敢言明谏。制度保障，指建立一套上通下达的沟通制度，如周会制度、完善的 OA 管理系统、销售员通过周会向上反馈信息等。值得注意的是，需要制定相关制度，督促上层及时处理反馈的信息，并下达到一线反馈人员。

我曾问过一些企业家“你需要什么样的人才?”他说他需要有悟性的人。正是因为缺少一个共同的语言系统，有悟性的人自然少之又少，使得整个企业执行力不足。理解出现偏差，没有正确的方向，你执行得越正确偏差越大。执行力的前提是要中高层做出正确的决策或者你能正确理解中高层的意图。如果你把中高层的意图理解错了，那么你的执行力越强，离企业的战略目标就越远，所以，执行力的前提在于正确理解中高层的意图。

企业在发展时期会面临很多选择的问题——企业今后要做什么？想成

为一个什么样的企业？如何把这种理念、目标与所有的基层达成共识？这就是一个企业文化建设的过程。通过企业文化建设，可以建立共同的语言系统，使中高层对企业的核心价值观、企业的未来，与基层之间达成共识，这就是有效沟通。有了有效沟通，基层就能正确地理解中高层的理念、战略意图，这样可以减少沟通障碍，使企业长足发展下去。

分权分心——权分心散，企业成一盘散沙

“TCL 我的智游互联网，TCL 我的智行互联网，TCL 我的智趣互联网，TCL 我的智享互联网，TCL 智能互联网手机。”

这是一段 TCL 手机广告语。别看 TCL 广告做得好，但它却遇到了难题。

创立于 1981 年的 TCL 集团公司走到 2005 年的时候，也意识到了分权而治的问题。TCL 是否应该实行分权管理？如果分权，怎样分权才能解决好短期的业绩压力和长期的战略发展这一对矛盾？如何才能让这些“诸侯”形成合力？比如，在 TCL 集团董事长李东生旗下，TCL 多媒体的胡秋生、TCL 通信的刘飞、TCL 电脑的杨伟强和 TCL 家电的王康平，被称为 TCL 的“四大诸侯”。对这四大诸侯到底是实行集权还是分权的问题上，TCL 集团的高层一直犹豫不决。

致使集团高层拿不定主意的原因是：有人认为，分权而治是集团公司走出困境的妙药良方，因为分权能够降低决策风险，充分发挥个人的智慧。也有人认为，这种授权方式带有浓厚的李东生的个人色彩，随意性太大，缺乏系统的思考。而且，人事的调整是基于业绩来考虑，而不是主动地做战略性的安排。TCL 面临的是核心价值欠缺和外部的竞争压力，只强调业绩的分权，并不能解决企业战略层面的问题。

在 TCL 的高层，有两种对立的观点：有人认为 TCL 的这种分权式管理

模式带来了决策上的风险。他们认为集权管理更好，在重大决策时能够集思广益，避免决策片面；能够集中资源，避免浪费；避免出现个别业务发展偏离主线的情况；出现问题，便于企业及时采取补救措施。有人则觉得像 TCL 这样规模的企业，应该实施分权管理。他们认为，分权便于发挥个人的智慧和创造性，使个人的管理能力和实施能力能够充分体现出来；能够更迅速地对市场情况做出反应；使高层决策者关注于企业方向性问题，而不是陷入具体事务当中；有利于人才的培养。所以，TCL 的高层为集权还是分权这个问题，一直迟迟未决。

商界永远不缺乏创新，再难，也有成功的案例，我们来看看这几年做得风生水起的阿里巴巴集团，马云又是如果带领这个拥有两万多名员工的大集团，如何在形势一片大好之时，主动瘦身，从集权走向分权的。

阿里巴巴的发展战略有两个基调：迎合市场和自身发展趋势。从最初的“支付宝”，到推出淘宝商城，再到 2013 年“瘦身”为 25 个事业部，甚至在其业务中不见“淘宝”二字……

当消费者还沉浸在阿里巴巴的“七剑”时代时，马云却悠然自得地开始了“瘦身计划”。不明真相者或许认为这是一种“折腾”，但这是阿里巴巴的战略，即马云的行事风格。

其实，在此之前阿里巴巴就是马云的“私有财产”，不管公司在运行的时候涉及哪一方面，都是他一个人拍板。但自 2012 年开始，阿里巴巴打破了这种“专权”的管理模式，其新的管理体系分割为战略决策委员会和战略管理执行委员会两个部门，就是最好的例证。

“从‘七剑’战略调整，到大事业部制，强调‘One Company’，后面阿里真正想做的是‘One Eco -system’，这是我们真正的方向。”2012 年年底，阿里巴巴召开战略会，首席参谋官曾鸣一讲就是 30 多分钟。

马云对此的评价是“（讲得）太抽象”。他用简单明了的几句话就讲出了公司的新发展战略：市场化、平台化、生态化（物种多元化）、数据化，

简称“四化”。

马云此语也算是为阿里巴巴的战略定下了方向。曾鸣认为“这是公司三年内最重要的工作”。

战略与制度变革是马云抡起的第一板斧。2013 年伊始，公司的电商业务被拆分为 25 个事业部；接下来，金融集团被拆分成 4 个事业部。同时，马云也决定不再担任阿里巴巴集团首席执行官，接班人为陆兆禧，拆分出来的金融业务更名为阿里小微金融业务集团，首席执行官为彭蕾。

此次战略调整，是公司战略决策委员会集思广益的结晶。曾鸣说：“这次战略会是我开过的最轻松的战略会，半天就搞定了，‘四化’就定下来了，就这么做了。”外人并不知道，马云的准备更加充分，他最关心的是如何调整组织结构，紧接着 25 个事业部的战略设想便有了雏形。

“我们的管理结构也是随着业务的变化而变化，自 2013 年开始 25 个事业部的经理人都进入到决策委员会。执行委员会起的作用更多是针对业务，统筹事业部的业务规划和进展情况，执行委员会现在是分管制度。”公司人力资源高级副总裁常扬说，战略委员会最关注的是全公司方向，目前正在形成过程中。

在此之前，公司的战略调整都是由高管们出谋划策，由马云做最后的决定，然后吩咐下一级经理去执行。现在，战略决策加入了许多新成员，即 25 个事业部的经理人，以及原来的委员，目前的战略决策团队由近 50 人组成。

这是马云在退居二线前所做的决定，此前能接触到战略层面的，也就那么几个人，尽管将来他仍然拥有绝对的决定权，但此时公司的分权行为已经悄悄开始了。

研讨公司今后的发展战略时，杭州白鹭湾酒店几乎成了阿里巴巴的“会场”，“不停地开会，你根本不用下命令，因为你的命在他手上，他的命在你手上，彼此息息相关。结果春节前战略雏形就完成了，思路很快就出来了。”

马云对此次变革信心十足，而且行动也由慢变快，因此这次公司的战略调整节奏可谓是快捷型的。正如马云所说，公司的这次调整是为了适应未来无线互联网的机会和挑战。

淘宝有个“研讨会”，是2013年年初刚成立的，淘宝有两个难题急需解决：第一，“淘宝小二”到底做什么？之前大家都有很成熟的运营方式，明白自己是做活动的，但明天干什么并不是很清楚。经理们可以讲公司战略是运营生态系统，但这么多人的团队需要知道自己天天做什么，下属们不懂运营生态系统是怎么回事，也不知道自己该干什么。第二，淘宝SNS（Social Networking Services，即社会性网络服务）化指的是什么？做了那么多个产品，哪个能出效益、哪个拖公司后腿，大家打起了群架。讨论到第三天出现了这样一个结果，大家签字画押，说这是共同的理想，都认可。

“之前的效率可是慢得要命，一个团队讨论完毕，紧接着再和另一个团队讨论，还要交代两个团队之间做好配合，再把他们的意见集合起来，看看冲突在哪里、如何解决……现在这些事情只要一天就可以解决了。”那么，阿里巴巴为什么要进行战略变革？

首先，传统的管理方式已经不能管理现在的公司。其次，公司业务发展所需。如果公司想在外面推动一个生态系统的发展，公司内部也必须生态化。

“这倒逼着阿里去思考，什么样的管理适合集团，答案就是马云所讲的‘阿里四化’，目的是建设一个内部+外部的生态圈。”曾鸣在接受采访时称。

按曾鸣的说法，公司的战略变革导致内部管理也要开展大幅度的改变。的确，公司若想在外围推动生态系统的发展，内部必须先要生态化。最后，阿里巴巴的战略调整将给整个互联网带来冲击，对其自身的冲击也是在所难免的。

“我们希望从自己公司内部也开始做根本性调整，来尝试互联网时代一个组织的运营方法应该是怎么样的。”曾鸣说道。

经过多次的战略调整，对于如何使战略落地，阿里巴巴已经摸到了那根神经，这也是为什么自2012年年底开始，阿里巴巴将重点转向组织、文化、人才层面的原因。

曾鸣认为，文化只有和实用的战略相匹配，才能够落地，这也是公司这大半年最关键的任务，战略上通过四化进一步明确了未来的发展方向。

另外，公司通过One Company（一个公司）、25个事业部的新组织，明确了一个企业创新与文化升级的大项目。在此前提之下，不管是马云的卸任、首席执行官的任命，还是新团队的组建，都是为了将企业创新与文化升级更好地落到实处。

创新并不是顺风顺水的。曾鸣说：“经典管理理论，无论是科层制还是矩阵式，都是传统工业生产时期线性生产模式下的蛋；互联网经济本质上是颠覆工业时代的生产模式，是真正的信息时代，互联网主导的经济管理要颠覆传统的管理。”

“这是个变化的时代，而变化的时代是年轻人的时代。”在淘宝十周年庆典上，马云为自己的首席执行官生涯做了总结。

阿里巴巴已经走过13个春秋了，现有职工24866名。

日新月异的阿里巴巴有一个明显的特征——员工特别年轻，平均年龄29岁。年龄在这几年不断地变化，2010年分管人力资源的高级副总裁常扬刚刚加盟公司时，公司平均年龄是27岁，“这说明我们有很多员工在跟阿里巴巴一起变得更加成熟，在这里成家立业。”

年轻人在一起的最大好处是接受新事物快，在阿里巴巴的价值观里就有一条：拥抱变化。

“一方面要坚持，一方面也要拥抱变化。坚持的是我们的使命，让天下没有难做的生意，13年下来，所有的网店都是朝着这一方面去做的，组织的变化也都是朝着这个方向去做，我们员工所付出的努力也是朝着这方面的……这就是坚持，对使命的坚持。”常扬说。

公司还有一句话：“天晴收衣服”——趁着天气好的时候赶快做业务。2012 年，阿里巴巴有 3 万多人次的调整，换部门、换老板……集团 24000 多人，平均每个人都有变化。

问题是并不是所有的企业家都会有如马云的胸怀和远见，实际情况是有些企业一旦分割为不同的部门，就难以形成企业的核心力量。为什么现在很多的企业一旦形成不同的部门，企业内部就会形成利益分化，成为一盘散沙呢？说到底这是文化的问题，是价值观的问题。

就我国企业的现状来看，由于企业的性质不同，在管理上采取分权的形式也不同。但就企业分权的实际情况来看，有些企业分权时机恰当，分权与制衡结合较好，这些企业得到了空前的发展。而很多企业分权时机不当，分权不合理，缺乏制衡体系而导致企业成为一盘散沙，制约了企业的健康发展，导致企业效率低下，最终致使死亡。

从近几年对许多企业的分权调研和分析情况来看，我认为分权导致企业低效或死亡的原因有：

一是过早分权。企业在发展阶段，人员的磨合与成长、忠诚度、对领导者的认可度及管理能力还不具备时，过早分权就会导致行动不统一、凝聚力较差、协作困难，产生低效，慢慢走向死亡。

二是分权不当。分权时没有按照能力与管理岗位的匹配进行分权，而是“放任性”分权，不具备管理素质及能力的也给分权，这样就会因分权不当产生内耗，导致企业低效与死亡。

三是缺乏制衡机制。很多企业只是分权，但缺乏完善的制衡体系，导致权力滥用或不正确使用权力的现象，最终导致企业低效与死亡。

总而言之，分权不当是企业过早死亡的本质原因。因此，企业分权不可轻率，应慎之又慎，要根据企业发展不同阶段的实际情况来决定企业是

否应该分权，根据企业人员的实际情况来决定如何分权，并且分权时必须配以健全的制衡体系。否则，就会因分权不当而产生人心涣散，由此导致低效，加速企业走向死亡的边缘。

分权不当最突出的表现是高层人心涣散，具体表现为价值观不统一、追求目标各异，缺乏一个共享的文化及共同的事业平台。要解决这些问题还要靠企业文化。马云之所以敢大刀阔斧地进行分权改革，那是因为他十几年来坚持不懈地进行了企业价值观的深化和落地，具备了分权的天时、地利、人和的条件。对于企业文化建设，要使得一个企业建立三个共同体。一是利益共同体。先通过文化建设，把利益规则确定下来，大家彼此间建立一个共同的利益共同体。二是事业共同体。明确企业未来要走向何处，企业从事的是一项什么样的事业，形成一个事业共同体。三是命运共同体通过文化建设使得中高层和基层人员之间有共同的核心价值体系，形成一个命运共同体。这是企业文化建设的三个层次，从利益共同体到事业共同体，再到命运共同体。这个过程是企业文化的建设过程，就是一个企业从利益共同体上升到事业共同体，最终上升到命运共同体的过程。进入这个企业，加入这个团队，觉得自己很有前途，愿意为这个企业奉献自己的一切，即从利益共同体走向命运共同体，这个过程也需要企业文化的建立。

钱多人“傻”——企业待遇好却留不住优秀人才

有道是“皇帝的女儿不愁嫁”“有了梧桐树，就不怕招不来金凤凰”“是金子总会发光”，可是，有一种现象不仅让许多企业家们觉得奇怪，连我这个多年从事企业培训与咨询的人都感到难以理解：优秀人才找不到工作，许多企业严重缺乏人才。那么，我国缺乏人才吗？事实是我国目前失业率居高不下，就业压力大、就业竞争空前激烈。很多企业不能留住所需人才，而这些企业能提供的待遇一般都会比同行业高，可为什么还是留不住优秀人才呢？

经过到多家企业调研，我发现这些有着好待遇却留不住人才的企业，他们的管理体制、用人机制不合理，人才招聘程序混乱，这些是留不住优秀人才的根本原因。归纳起来主要有以下几种情况：

一是不信任外来人才。很多企业在创业初期，受企业规模和资金实力的局限，往往不招聘外来人员，都是依靠家族成员的力量或亲朋好友的资助来实现企业的创业和发展的。只有在企业做到了一定的规模，当老板感到已经有些力不从心时，才会去招聘管理人员帮助管理企业。此时被招聘的人员，往往与老板没有合作关系，属于企业的外来人员。对这样的外来人员，企业虽然给了高薪，但往往没有给予信任，对其采取信息封锁，不让其参加与分管业务相关的会议、查看与分管业务有关的文件，更有的企业甚至采取特务手段，派亲信暗中盯梢。这些企业对自己高薪招聘的管理、技术人才极不信任，不让你参与相关的重要事务，让你心里没底，不知道企业是要长期聘用你还是短期聘用你，还是在捉弄你；对你的工作却委派专人天天检查、考核，要求你每天要有工作计划，第二天就要检查你昨天计划工作项目的完成情况，每月要做述职报告（这种做法只针对你个人）。这些企业给你的感觉就是：他们不是聘任你来工作的。不用3个月时间你就会早早打辞职，离开这家企业。

二是缺乏尊重人、理解人的工作环境。有些企业在内部管理上极为严格，企业简直就像监狱一样（甚至比监狱还严格），对人才的管理都以经济罚款为手段，动辄就对他们实行50～500元不等的罚款。上班时间内不准擅自离岗，不准与人闲谈，不准吃东西，不准喝饮料，不准用自己的手机给家人打电话超过3分钟，不准查阅个人电子信箱。上厕所每天只有2次，上下午各1次，每次不超过10分钟。当日上网内容必须全部保存，下班前由专人检查，一旦发现你在工作期间浏览新闻、博客或与工作无直接

联系的内容，即实行100～500元的罚款。在这样的企业里工作，你的活动范围就是你的工作岗位、饮水机旁、食堂、厕所，去其他地方都必须要写请假条或开出门证，否则就是违反工作纪律和规章制度。办公桌上只能摆放工作文件资料，不允许摆放与工作无关的鲜花、照片等物品。上班时不允许查看、阅读报纸、杂志和业务书籍（管理者的观点是：我不反对你们学习业务，但是不能在工作时间学）。甚至是你收到了一封信，也不允许在上班时间阅读。如此严格的监控，使人受到不适当的监管，心情沉闷、压抑，没有最基本的人身自由，导致许多优秀人才，在不满3个月的时间内就早早提出辞职离开了。

综上所述，我认为对于一个企业来说，优厚的待遇只是能够招聘到优秀人才的一个方面，算不上主要因素。留住人才的主要条件是企业的前景（包括经营理念及产品因素）、企业的环境（包括上下级各种关系、领导及员工素质等）、可为人才发展提供的基础条件（包括技术设备和资金），以及人才的提升空间等。具体来说，就是要求企业首先从观念上树立尊重知识、尊重科学、尊重人才的理念，真正信任人才，大胆使用人才。正如我爱我家房地产经纪有限公司人力资源总监陈海瑛所说：“让他们忙起来。”“当他们处于一种忙碌状态时，他们在这种忙碌中会得到很多做事的经验，会感到很充实，有收获，能力也被认可和提升。”

有一则寓言说狮子想图谋霸业，准备开阔自己的疆域，便决定与邻国开战。出征前它举行了御前军事会议，并派出大臣通告百兽，要大家根据各自的特长担负不同的工作。

大象驮军需用品，熊冲锋厮杀，狐狸出谋划策当参谋，猴子则充当间谍深入敌后。有动物建议说：“把驴子送走，它们的反应太慢了，还有野兔，它们会动摇军心的。”“不，不能这样办”，狮子说，“我要用它们，而且它们会在战斗中发挥至关重要的作用。驴子可做司号兵，它发出的号令一定会使敌人闻风丧胆；野兔奔跑迅捷，可以在战场上做联络员和通讯员。”动物们觉得狮子说得很有道理。后来，在战争中果然是每个动物都发挥出了最大的用处，取得了胜利。

故事虽然浅显，但其中所蕴含的道理是深刻的，这应该引起企业家们的重视。

要从企业的管理制度上进行改革，在企业内营造一个比较宽松的环境，让员工都能以愉快的心情在这里工作，不要人为地制造紧张气氛，使人心情郁闷、压抑。另外，更重要的是，在企业文化建设上，要以尊重人、理解人、关爱人为出发点，营造团结、活泼、宽松的工作环境，不要人为地制造沉闷、压抑、紧张的氛围，以提高企业的凝聚力、向心力。

尽管优厚待遇是每一个求职者都追求的。然而，在这个岗位上，在这个平台上，能让他们将自己的所学和技术做到有的放矢，并且更能开阔视野，工作得有尊严、实现人生价值，才是留住优秀人才的关键。

富不过三——企业如何进行文化传承与创新

“富不过三代”并非中国特色，全球家族企业普遍面临“穷孙子”问题。据查在美国，家族企业到第三代还存在的只有 12%，到第四代及四代以后依然存在的就只剩 3% 了。能否富过三代不仅仅在于能否实现财富上的继承，更多的是取决于能否实现开拓、冒险、坚忍不拔的创业精神的传承，而企业文化的传承也同样面临着这样的问题。

就目前来说，企业文化不仅受到国有大型企业的青睐，很多民营企业也很重视企业文化，纷纷请专业人士、咨询公司协助其进行企业文化建设。我觉得最主要的问题是：如何进行企业文化的传承和创新？

企业文化必须传承，没有传承等于割断历史，等于放弃企业长期积累

的精神文化资产；但是企业文化也必须创新，没有创新，因循守旧，不能与时俱进，等于葬送自己。因此，企业文化的传承与创新是相辅相成的，不能顾此失彼。企业在不同的形势下，处理传承与创新的关系不能半斤八两，同等施力。目前，企业处在急剧变化的市场和科技环境中，经济全球化的发展，知识经济的迅速成长，促使企业必须转轨变型，以应对变化。

对于企业文化“如何进行继承，如何实施创新”的问题，每一个专业人士和企业各有各的看法：有些企业更强调继承，不太注重创新；而有些企业强调创新，不太注重继承；有些企业既强调继承，又强调创新。到底在企业文化建设过程中，如何正确对待这个问题呢？我认为，在企业文化建设过程中需要继承，更需要创新。文化传承，主要是传承带有民族个性的文化，如团队意识、人本观念、和谐精神以及爱国敬业、艰苦奋斗、拼搏奉献等优良传统。文化创新，主要是指在市场理念和现代人文理念上谋求创新。

目前，企业早已是“自主经营、自负盈亏”的主体，自由竞争，优胜劣汰。这对企业的竞争力提出了更高的要求。因此，企业必须重塑自身竞争力，而企业文化是企业竞争力的一个重要组成部分，为了保证企业在未来市场环境中更具有竞争力，更需要对企业文化进行创新，创造出具有竞争力的企业文化。因为，优秀的文化可以引导改革创新，成为改革创新的号角。企业在文化建设过程中，只有创造出新的文化理念，才能发挥企业文化的导向功能，引导员工思想观念的转变，引导企业改革创新的推进。

企业文化是企业全体员工的价值观念、经营理念、团体意识和行为规范的总和，包括理念文化、制度文化、行为文化和物质文化。企业必须明确哪些是优秀的文化，符合企业未来发展需要，以及哪些是过时的文化，对企业未来发展起阻碍作用。对优秀文化的继承首先要从理念开始，要对优秀的理念进行充分的继承。在继承的时候不能简单把这样的理念和制度同时保留，而是应该对两者分别进行分析，分别看这两者是否对企业未来的发展有促进作用，只要有促进作用，就应该保留下来，没有促进作用的就丢掉。

在充分继承的基础上，对于过时的文化必须进行有效创新。在创新企业文化的过程中，必须以创新理念文化为核心，以创新后的理念文化为指导，对制度文化、行为文化和物质文化分别进行创新。

1. 理念文化创新

理念文化的创新是最艰难的，也是企业文化创新的核心和重点。对企业理念创新，首先必须对消费者进行研究和分析，充分了解消费者最新的消费趋势及消费理念；其次必须分析研究国内外各种先进的经营理念和思想，对其进行充分借鉴；最后必须充分分析企业自身的实际情况，在此基础上，对企业的经营理念、价值理念进行创新，提出更具有竞争力的理念文化体系。

2. 制度文化创新

对制度文化的创新必须以理念文化为基础，对不符合企业理念的制度进行修正和完善，实现制度与理念充分匹配，理念指导制度，制度体现理念。

3. 行为文化创新

对行为文化的创新必须以理念和制度为指导，以理念为最高要求，以制度为最低要求，进行系统梳理，逐项调整，最终实现行为文化与理念文化相吻合。理念指导行为，制度规范行为，行为实践理念，行为以制度为准绳。

4. 物质文化创新

对物质文化的创新也必须以理念文化为指导，对各种物质文化进行系统梳理和排查，彻底消除、调整和改进，最终实现物质文化与理念文化相吻合。

对于文化的创新更多的是对制度文化、行为文化和物质文化的创新，

而对理念文化的创新相对比较少。理念文化是文化的本质和核心，制度文化、行为文化和物质文化是文化的表现形式和表象。

随着环境的发展和变化，制度文化、行为文化和物质文化更容易过时，而理念文化则比较不容易过时。创新制度文化、行为文化和物质文化更多的是创新了理念文化的表现形式，而不一定会改变理念的本质内涵。在文化创新过程中一定要谨慎分析，区别对待，不要将“洗澡水和孩子一起倒掉”。

比如，这段时间大家讨论的特别多的余额宝。余额宝于2013年6月17日正式上线，是由第三方支付平台支付宝打造的一项余额增值服务。通过余额宝，用户不仅能够得到较高的收益，还能随时消费支付和转出，用户在支付宝网站内就可以直接购买基金等理财产品，获得相对较高的收益，同时余额宝内的资金还能随时用于网上购物、支付宝转账等。转入余额宝的资金在第二个工作日由基金公司进行份额确认，对已确认的份额会开始计算收益。余额宝的优势在于转入余额宝的资金不仅可以获得较高的收益，还能随时消费支付，灵活便捷。

余额宝本身既有创新，也非创新。之所以这么说，是因为与正经八百的金融创新NOW账户相比，余额宝很难说是彻底的金融创新。NOW账户在不降低支票账户流动性的前提下，成功提高了支票账户的收益性。相比之下，余额宝虽然同样提高了收益性，但也付出了降低流动性的代价，只不过它借助了阿里系电商平台的便捷优势让流动性降低的较少。说其非创新，则是因为它无异于在银行购买理财产品。即便如此，余额宝还是让大家耳目一新，尤其是对于淘宝用户来说，支付宝这次的创新，不管多么微小，却给用户们带来了极大的便捷，在大家都在声讨银行业的暴利及其不可一世的霸道式服务之时，微妙地契合了人们对资金流动性的便捷以及收益性的诉求。

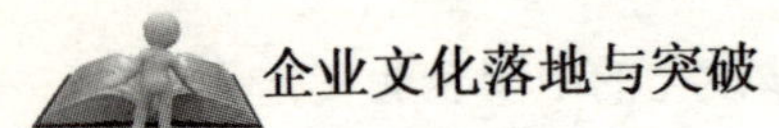

三鹿的覆灭是三鹿企业文化的破产

2008年，三鹿集团覆灭了，这是令人痛心的。三鹿事件的发生，有其外部因素：不法奶贩子在原奶里掺入三聚氰胺、竞争对手为扩张争夺奶源、政府对三鹿产品实行免检制度。虽然客观上有这么多原因，但这些并不是三鹿灭亡的主要原因，三鹿是死在自己手里的。

从企业方面来看，有决策失误的原因，有制度失效的原因。但从企业文化来看，是企业文化核心价值观的缺失。董事长田文华肯定是忘记了企业文化的核心价值观——诚信。如果企业能够早日向公众披露真相、召回产品、回收销毁货品、赔偿消费者和经销商的损失，即使企业信誉受损失、丢失市场、影响公司上市，甚至会影响国家形象（当时正值北京奥运会开幕前夕），那也是值得的事。但是，在这场利与义的权衡中，三鹿做出了错误的选择。

"诚信是企业的基石，质量是企业的生命。"这样的话，许多企业家也常常挂在嘴上，但在利润面前，这些企业的诚信和质量往往就失效了。残酷的市场最终会成为公正的法官，抛弃诚信、无视质量的企业最终难逃被市场淘汰的惩罚。这就是说，企业要在利益、责任、信誉和质量生命的均衡点上找到位置。一个违法经营、不讲诚信、忽视质量的企业，一个没有社会责任感的企业，最终必将被社会所抛弃。

可悲的是，打垮三鹿的不是竞争对手，更不是经济危机，而是三鹿自己。它的破产并不是资金问题，更不是政策问题，而是守法和以德经商的理念出了问题。

企业的影响力，靠的是企业历经千辛万苦，守法诚信经营塑造起的品

牌，而文化又支撑着企业的品牌。比如，国内百年老店“同仁堂”就是诚信品牌的代名词，一句“炮制虽繁必不敢减人工，品位虽贵必不敢减物力”的传统古训，成为历代同仁堂人恪守的信条，寄托的是消费者始终如一的信赖。相反，三鹿的破产，恰恰验证了一旦品牌的诚信遭到彻底毁灭，企业也就失去了继续存在的价值。

三鹿事件发生后，在中国的奶粉市场引起了一场危机：一位中年阿姨说，她平时一般喜欢喝酸奶，可以帮助肠胃消化，可是现在她已经几个月不喝了；还有一位年轻妈妈说，现在一般不会给孩子喝奶粉，就算是一定要喝，也是按照报纸上写的安全批次买。

现实中，之所以会出现那么多像流星一样在短暂的辉煌之后即黯然陨落的企业，其根源在于企业文化的错位或缺失。一些企业难以抗拒短期内迅速获取高额利润的强烈诱惑，将主要精力投入到所谓的“品牌策划”上，而不是从真正意义上改善产品与服务的质量。有时，在利益的驱使下，抛却了最基本的诚信道德和社会责任意识，不惜以牺牲品牌为代价换取眼前的利益，最终导致品牌的丧失。三鹿集团的倒下就是一个很好的案例。

事实证明，能够长青的企业应是守法诚信的，但三鹿的企业文化里缺少了“守法”这一最基本的准则，这为三鹿后来的灭亡埋下了伏笔。

前车之鉴，我们有必要总结一下三鹿事件留给企业家们的启示：

（1）要有正确的核心价值观。三鹿事件告诉企业家们，要永远从顾客的根本利益出发去考虑问题，这是健康的文化基因，是打造百年老店的根基。在以人为本的今天，谁欺骗坑害消费者，谁就将被消费者抛弃；谁真正把消费者放在心里，消费者就会把他放在心里。

（2）要恪守核心理念，即使因此蒙受损失也不放弃。岁寒方知松柏高洁，企业文化核心理念要时刻坚守，尤其在不利条件下还能始终如一，这才是真正的文化。正是诚信的核心价值观支撑着同仁堂历经三百余年而依旧保持旺盛的生命力。

(3) 要让企业文化真正“落地”。从公开的资料看，三鹿集团在企业文化建设方面做了大量的工作。但遗憾的是，他们的文化在关键时刻并没有起到应有的作用，根本原因是他们的文化是伪文化：说的是一套，做的又是另一套，在利益面前就把核心价值观抛到脑后。企业文化一定要“落地”，要将企业文化真正融入到全体员工的思想中，并转化为他们自觉的行动，否则，企业文化永远只能是墙上的标语和嘴上的口号。

愿企业管理者能记住三鹿这个案例的教训，重视企业文化建设并用先进的文化指导工作，使其真正成为企业基业常青的利剑，成为支撑企业持续成长的原动力。

第二章

动力——企业持续发展的原动力

企业文化是企业的灵魂，是推动企业发展的不竭动力。它影响着企业中的每一件事，大至企业决策、人事任命、干部选拔，小至员工的行为举止、衣着爱好。

企业道德——企业文化伴生商业伦理重塑

《世界经理人》杂志在2011年对1500余名企业经理进行的一项调查显示，80%的经理认为，企业的失败应该归咎于商业道德丧失。此外，认为“急功近利，没有长远发展目标”和“价值观缺失”造成企业失败的经理也分别达到74.1%和62%。

清华大学经济管理学院教授钱小军认为：“企业铤而走险，丧失商业伦理，与经济飞速发展带来的竞争压力有关，也与企业自身的法制意识淡薄不无关系。”联合国教科文组织助理总干事、战略发展部负责人汉斯先生在发表题为《以多元文化视角，推动世界“重塑商业伦理”》的致辞演讲时也说：“中国人相信‘君子爱财，取之有道’，要致力于可持续发展，坚守企业社会责任，这是我们的底线，是不能够突破的，我们必须在遵守它的前提下再来追求利润。”

早在2500多年前孔子就提出：君子爱财，取之有道。他所说的“道”就是诚信经营。诚是自律的要求，信是讲究信用，对于企业来说就是要求企业取信于合作伙伴、投资人、消费者和企业员工等利益相关者。大多数企业家都自诩为儒商，什么是“儒商”呢？我认为，儒商就是以儒家的理念来经商。而就目前的企业经营来看，各种违背商业伦理乃至荼毒消费者的行为层出不穷，传统文化的精髓沦丧已尽，令国人伤痛。其恶劣影响更波及其他国家，让礼仪之邦的中国蒙羞。

关于企业的诚信问题，只要我们打开电视或展开报纸，就能看到被媒体曝光的很多企业：苹果公司供应商“毒倒”员工，家乐福、沃尔玛大玩“价签戏法”，蒙牛与伊利“互泼脏水”，无不显示出企业对“诚信”二字的漠视。

似乎我们身边有太多这样的不诚信事件，但诚信的公司一样也得到了市场给予它的应有的回报。比如，2006 年 6 月，阿里巴巴高层决定将淘宝团队研发并用了将近半年时间进行市场运营的“招财进宝”进行召回。在这次召回动员大会上，马云说了这么一段话：“宝马和奔驰都要把自己的产品召回，我们召回一个产品又怎么样。我想告诉大家，淘宝这个决定，把产品召回，赢得了客户的尊重，赢得了公司的尊重。我觉得如果不承认、大家死扛也可以，但有时候，退一步，海阔天空。再往前一步，哪怕只是前进一厘米付出的代价很大的情况下，退一步就会海阔天空。我们觉得退一步多少有点尴尬，但在战略上我们实施得非常漂亮，我们回归得很漂亮。”这样客观正视自己的错误，并付诸行动的公司为此赢得了客户的尊重，市场也给予了充分的肯定。这才有了淘宝和天猫 2012 年“双 11”创造了单日 191 亿元的销售神话。

阿里巴巴用铁一样的事实证明了这样一条很朴素的真理：诚信是企业立于不败之地的基础。市场经济本身就是一种信用经济，诚信不仅是社会责任，更是建立在市场逻辑上的唯一选择。但许多企业家不知道的是，一旦你的企业失去了诚信，等于你的企业失去了重要的社会资本。有些厂家生产假葡萄酒，让素有“中国干红城”之称的河北昌黎蒙受质疑与冷遇，就是典型例证。

诚信的价值来自降低机会成本的考量。与有诚信者交易，风险小、麻烦少，不仅能减少意外损失，还能提高效率。在电子商务领域，面临虚拟的购物方式，诚信更是核心竞争力。然而，如果诚信不能带来预期收益，不能在竞争中产生效应，以营利为目的的企业，便会失去兴趣与信仰。这也正是企业诚信屡屡出现问题的根本所在。

目前，诚信制度不完善、诚信文化薄弱的情况在全球范围内还都普遍存在。在找投资、找项目等方面，诚信并没有体现出直接的好处，相反其应有的价值被大大贬低。考量投资回报率、评估公司实力时，诚信也不是关键因素。近期屡占各大媒体头条的医药商业贿赂等表明，像葛兰素史克

（英文简称为 GSK）这样在国际医药行业的领先企业，竟然也直接选择人情与关系这种赌徒似的营销方式。

量化的行业诚信标准缺失，不诚信的成本过低，造成了诚信的贬值。因此，也就鼓励了不诚信的行为。

一个社会、一个国家想要重塑商业伦理，首先要让诚信“增值”，并要将诚信形成激励机制，让它成为一种可以兑现的社会财富。这不能仅靠企业道德和市场导向，更要靠制度促使企业必须选择诚信体系；完善相关法律法规中有关诚信的规定；出台支持企业诚信建设的法规政策；推进信用评级业发展，加强信用评价体系建设。更重要的是，要加强信用监管和失信惩戒力度，建立失信行为公示制、档案制、曝光制等，使那些因信用问题而致的企业“死亡”不再是特例。

企业管理理论对中国企业还是个新的课题，但先行的企业家早就指出：要把企业做成事业。结果带来两个问题：一是企业终极价值的问题，即企业“从哪里来到哪里去”的哲学命题，企业为什么存在，企业的性质是什么。二是商业文明与商业伦理的问题。企业对待客户、供应商、相关利益者、竞争对手及社会的态度，是市场秩序、商业伦理、游戏规则形成的基础，普遍信用导向文化的生成，企业新型商业伦理建设，背后是企业价值观。这不是现实生产力，却是企业发展的“定海神针”，是一种企业价值定向，解决方向与路线问题，保证企业的健康方向。企业问题不是指技术水平、生产效率低，而是缺失价值观，企业没有健康基因。从活生生的实例来看，企业出现问题，企业名声很快就会败坏，所以文化问题也是企业生死攸关的“天字号”问题，试问企业是要短钱，还是要长命？相信每一个有良知的企业家都会选择后者。

企业核心价值观具有普遍性，比如“诚信、人本、业绩、共享、创新”等作为企业文化的核心元素，越来越被企业共享。良性的竞争和良好的秩序，既是企业长远生存的需要，更是企业存在的责任和方式，符合社会心理和社会预期。而符合社会现实和预期的东西，就是企业的价值空间，就是发展的机会所在。所以，企业要想持续发展，就要靠经营持续的价值平台，平衡发展，科学发展，和谐发展，追求“又好又快”。很多企业正在自觉强化这种文化意识，度过利润驱动的第一阶段、竞争导向的第二阶段，进入合作多赢的新型商业伦理时代。

发展导向——企业文化是企业管理的灵魂

2000 年出任、2006 年卸任的可口可乐公司总裁道格拉斯·达夫特曾经豪言：“如果可口可乐在世界各地的厂房被一把大火烧光，只要可口可乐的品牌还在，一夜之间它会让所有的厂房在废墟上拔地而起……”这就是企业文化，是企业管理的灵魂，也是直接影响企业核心竞争力、决定企业兴衰的关键因素。

企业文化是企业制度与企业经营战略实现的重要保障。一方面，有什么样的文化，就会有什么样的机制，企业文化是形成和建立机制的思想基础，并且通过制度和机制得到集中体现；另一方面，科学的制度和灵活的机制，直接作用于员工的思维观念和行为方式，在很大程度上起着价值导向的作用，又能够有力地促进优良价值观的形成。为什么这样说呢？这是因为企业文化管理包括 4 个层次：

1. 以先进的文化理念推进企业管理创新

企业文化是企业管理的灵魂，管理体系是企业文化的依托。企业文化是以创新制度文化为载体，在管理体系中赋予文化的灵魂与内涵，从企业实际出发，深入推进诚信文化、创新文化、安全文化、质量文化、营销文化、廉洁文化、品牌文化等系列文化的构建和完善，以先进的文化理念推进管理创新，推进生产过程的科学化、生产方式的文明化、经济效益的最大化和社会效益的最佳化。

2. 以先进的理念导向引导、教育和塑造人

企业文化的实质是以“人”为中心，以文化引导为手段，以激发员工的自觉行为为目的的一种经营理念。其根本是重视人、相信人、理解人、引导人、教育人、培养人和塑造人，就是以员工为本，把服务员工作为工作的出发点，着力满足员工日益增长的精神文化需求，把教育人、引导人、鼓舞人与尊重人、理解人、关心人紧密结合起来，全力培养“四有”员工，建设高素质员工队伍，打造一流团队，引导员工自我教育，自我提高，从而有效地激发员工的工作热情和积极性。简单归纳为一句话：人人高兴干，事事有人干，正确的人干正确的事。

如老字号同仁堂药店之所以三百多年长盛不衰，在于它把中华民族优秀的传统美德融于企业的生产经营过程之中，形成了具有行业特色的职业道德，即“济世养身、精益求精、童叟无欺、一视同仁”。北京西单商场的价值观念以求实为核心，即“实实在在的商品、实实在在的价格、实实在在的服务”，提倡“需要理解的总是顾客，需要改进的总是自己”的观念，促进了企业的发展。

福建正兴车轮集团有限公司，从创业第一天起，其创始人赖建辉（现任董事长兼执行总裁）就秉持着“人正则立，品正则兴”的创业理念，坚持“产品就是人品”的制造理念，一路从十几年前的路边修理摊开始做起，到2011年5月13日，正兴集团以“正兴”品牌拼音的第一个字母缩写“ZX”为股票代码在纽交所成功上市，成为第二家在纽交所首次公开招募上市的中国汽车零部件企业，也是中国汽车工业第一家在纽交所首次公开招募上市的民营企业。

3. 坚持以优秀的文化凝聚人

企业文化建设的出发点和落脚点是坚持以优秀的文化凝聚人，以企业文化活动为着力点，不断挖掘促进企业向上、向善、向美，促进企业发展的优秀文化资源，结合企业改革发展实践，总结、充实、提炼出具有鲜明特色、能凝聚各层次人员、得到员工普遍认同、引起广泛共鸣的人文精神。它不仅赋予了企业和员工以共同的愿景、目标、志向，而且通过企业精神的共识、共感，使员工树立正确的世界观、人生观和价值观，同时还给员工以物质、精神、心理等方面的文化需求满足，使员工在精神上寄托于企业、在情感上依恋于企业、在行动上忠实于企业，与企业风雨同舟，休戚与共。

4. 以人本精细化管理规范员工行为

企业文化是从发挥全员自主管理目标出发，注重人的因素，创新管理，以制度约束人，以标准规范人，以学习提高人，以愿景激励人，以情感调适人，以公开公平信服人，将管人、管心、管岗、管事、管物作为基本要素，把企业理念、愿景、价值贯穿其中，建立人本精细化管理体系，变原来的行政命令管理为岗位自主管理，变原来要求干为机制调动一大片。企业文化体现了个人工作价值，实现人的进步，能使员工产生出对企业所具有的一种荣誉感、自豪感、归属感，深感企业就是自己发展的基础，是自己远航的巨轮，从而在企业中造成一种团结友爱、相互信任的和睦气氛，强化了团体意识，使企业员工之间形成强大的凝聚力和向心力。共同的价值观念形成了共同的目标和理想，员工把企业看成是一个命运共同体，把本职工作看成是实现共同目标的重要组成部分，整个企业步调一致，形成统一的整体。这时，“厂兴我荣，厂衰我耻”成为职工发自内心的真挚感情，“爱厂如家”就会变成他们的实际行动。

行动准则——同心同德、整体化一的行动标准

许多企业家曾不止一次地问过我：企业文化到底是什么？我告诉他们：从理论上讲，企业文化涵盖了企业的精神文化、行为文化以及物质文化。而精神文化是企业文化的核心价值体现，它不像企业的物质文化、行

为文化那样，可以在一定条件下立竿见影、说到做到，所以它的塑造也相当复杂，需要各种因素的互补。

企业的精神文化直接受企业创始人的行为表现所影响，通过企业员工在长期的生产经营活动中逐步建立起来，久而久之形成了企业的一种潜规则。企业文化的形成，也需要社会的文化环境和舆论导向的配合。一个企业的精华往往可从企业精神文化中体现，它深深“内化”于企业员工的心中，并且通过一定的文化仪式得以保留和发展，也是群体文化心理的长期“积淀”。企业的精神文化往往可供企业员工共享，它是一种超个性的群体意识，具有更广泛、更深刻、更长远的社会意义。

企业文化的凝聚功能是指当一种价值观被企业员工共同认可后，它就会成为一种黏合力，从各个方面把其成员聚合起来，从而产生一种巨大的向心力和凝聚力。企业中的人际关系受到多方面的调控，其中既有强制性的“硬调控”，如制度、命令等；也有说服教育式的“软调控”，如舆论、道德等。企业文化属于软调控，它能使全体员工在企业的使命、战略目标、战略举措、运营流程、合作沟通等基本方面达成共识，这就从根本上保证了企业人际关系的和谐性、稳定性和健康性，从而增强了企业的凝聚力。集体力量的大小取决于该组织的凝聚力，取决于该组织内部的协调状况及控制能力。由共同的价值观、信念、行为准则这些“内部黏结剂”凝结的企业凝聚力，比组织协调控制通过制度、纪律等“刚性连接件”产生的凝聚力更有效。

不用我说，许多企业家也明白这样一个道理：一个企业要想成功，同心同德非常重要。也就是说，企业的管理者要同心同德，大家有共同的目标、共同的价值观、共同的道德观。企业要想成功，在管理思想中一定要明确财聚则人散，财散则人聚的理念，同时要将大家的共同目标锁定在一起——“上下同欲者胜”，这也是管理者最重要的目标。

“上下同欲，同心同德”是企业文化的最高境界。从目前的企业文化来看，国有企业普遍是以老总意志为主体，领导在人们的心目中多是贪污腐化、以权谋私、独断专行的代表，很少有企业能做到上下同欲，更谈不上什么同心同德，这就是国有企业往往亏损的主要原因。而从民营企业的企业文化来看，许多企业主都急于做大市场，也就难免急功近利，违背员工意愿、损害客户和消费者利益。这种企业文化的背后本身就存在违反自然规律的问题，员工、客户不可能对它产生认同感，这也是许多企业容易倒闭的主要原因。

说到这里，我不得不炫耀炫耀咱老祖先的智慧。《孙子兵法》谋攻篇中讲道：知胜有五，其一是“上下同欲者胜”。意思是，官兵同心，上下齐心协力，就可以夺取战争的胜利。管理企业亦是同样的道理，如果在前进中失去了“上下同欲”这个原则，那企业就危机四伏了。“上下同欲者胜”，一句话，寥寥一语，分量千斤。

任何一个企业都是由若干个大大小小的团队构成，每个团队又是由若干个成员组成，如何使这些团队成员拧成一股绳，发挥出最大的威力，这就需要团队的领导者进行有效的激励与协调。

一家企业之所以能够成为优秀的企业，特别重要的原因，就是它成功地创造了一种能够使全体员工衷心认同的核心价值观念和使命感。作为企业核心价值观念的企业文化一旦被全体员工衷心认同或共有，它就会影响人们的思维模式和行为模式。比如，马云“让天下没有难做的生意”的使命感，得到了市场、客户、投资商、员工们的高度认同，在诚信缺失的环境下，在这种共同使命感的驱动下，马云帮助商人们在网络社区建立信任，也正是他所服务的2500万家中小企业，推动阿里巴巴成为中国互联网第一个市值超过200亿美元的公司。

价值观作为组织的经营理念和信仰，构成了企业文化的核心。几乎所有成功的企业，不论企业发生了什么样的变化，他们的企业文化是基本不变的，或者说，企业文化的核心价值是不变的。这是企业赖以生存的基

础，因为价值观为全体员工提供了共同的行为准则，企业的成功源于员工对组织价值的认可、信奉和实践。

在具有浓厚企业文化的公司中，特定的价值观得到了充分的体现。这些公司的企业文化赞成什么价值观，它们的管理人员就在组织的各个层次上调整或保持这些价值观。惠普的企业文化明确提出“以真诚、公正的态度服务于公司的每一个权力人”的思想，这与IBM公司的“让公司的每一个成员的尊严和权力都得到尊重，为公司在世界各地的消费者提供最上乘的服务”有异曲同工之处。通用电气公司所赖以维系的是职员的“所有权观念”，即公司授予一线员工以许多权力，让他们对自己职权范围内的事负完全责任。这种充满分权化的企业家精神，才是通用电气公司得以强大的核心力量。

这些代表企业文化价值的“口号”，看似非常简单，但却蕴含着创造一个充满竞争力和活力的公司的力量。“口号”可以成为催化剂，使人的潜能发挥出来，这种发挥与创新、与发展生产力等密切相关。如果我们想要在公司内创造新的文化，首先就必须决定要依靠哪些价值观来建立这种文化，比如企业究竟应该如何看待企业的权力人的问题。我们时常听到管理层讨论如何让员工努力工作，但很少听到管理层认真研究他们如何实现对员工所承担的义务和承诺。如果你要营造一个使每一位员工都努力工作而不问报酬的环境，那么你应该首先想一想，你对员工承担了什么？如果你要员工忠于企业，那么企业对员工的承诺又是什么？

所以说，要想使员工关心企业，能够与企业同心同德、尽职尽责，最重要的在于使员工能够分享企业成长所带来的好处。只有在这种企业文化下，员工才能树立积极的工作价值观，才能真正感受到成功的乐趣，才能体会出人格被尊重，也才能表现出敬业尽职的精神，公司才能真正被员工所热爱。

以人为本——企业文化具有巨大的人文力量

我们知道，企业文化是以人为本的新的企业管理理论和管理方法，是企业在一定的历史条件下，在运转和发展过程中形成的企业经营理念、价值标准、企业作风、传统习惯、道德伦理、精神风貌、行为规范和规章制度的有机整体。文化是企业发展的深层次推动力，它无时不在、无时不有，融化在企业的观念和行为中，潜移默化地发挥着巨大作用，决定着企业的兴衰成败。

企业管理只有建立在企业文化这个根基上，运用文化的力量和非经济的手段对员工进行管理，完成由过去管“身”到现在管“心”的转变，才有管理的现代化。这就好像你给一个人穿一身名牌服装，并不能改变他的素质，只有传授给他新的思想和理念，并授以改变思维方式的方法和工具，才能彻底改变他。也就是说，只有把尊重人、激励人、培养人作为管理的出发点和落脚点，才能使企业形成遵章守纪、明礼诚信、团结友爱、敬业奉献、健康向上、生机勃勃的内部氛围，企业管理才具有更高的层次。

今天，企业如何坚持“以人为本”的核心理念，让员工愿意致力于企业的发展壮大？以我十几年从事企业培训及咨询的经验，认为应从以下几方面考虑：

1. 科学发展观的核心是以人为本

以人为本的关键，是要以“人”为“资本”。当“人”成为企业的“资本”时，企业自然就要尊重人、理解人、关心人、塑造人、成就人，就是要把不断满足人的全面需求、促进人的全面发展，作为企业发展的根本出发点。企业要认真吸收科学发展观的核心——以人为本，并合理运用到企业的发展中。一个企业的发展成功与否，主要是看企业人文理念是否

到位。在科学发展观中所坚持的“以人为本”的核心理念，是企业发展的生命线，左右企业的前进与胜负。

我个人认为，企业“以人为本”包含信任人、用好人、服务人三层含义。企业的发展壮大需要依靠大家的共同智慧和劳动。以“信”为本，以“德”为本，以“能”为本是企业文化中人本思想的具体体现。

比如，在阿里巴巴有个著名的“孕妇关怀”。走进阿里巴巴你会看到很多穿着紫色衣服的准妈妈，公司18000余人，平均年龄26岁，每年孕妇大约有700~800个，他们搞员工关怀发防辐射服，不管管不管用，都每个孕妇配两件，还买最贵的，印上标志，紫色的，每件300多元，一年就是几十万元。行政部总说，领取孕妇服要做个规定，孕妇本人要上报让主管批，但主管怎么知道她怀孕了，还需要医院开个证明，就这样，主管经理批准，医院开单子，然后去行政部领用，好像也不是很复杂。

但是后来阿里巴巴的管理层就发现这是一件愚蠢的事：第一，衣服不实用，夏天穿了热，冬天也不保暖，也不是女孩子要的时尚；第二，哪个女孩子有要装怀孕的理由，即使她要装，她也装不了三个月，她穿着这衣服，三个月后肚子能大吗？所以找不到装的理由，后来就把医院开单子的流程取消了，只要怀孕了就直接去拿两件。那有人说，万一她自己没怀孕，表妹怀孕了，来领这么办，阿里巴巴会告诉你，这是我们给阿里巴巴员工的一个福利，如果你觉得阿里巴巴给你的工资买不起衣服给表妹，那你也来领一件。但他们会先告诉你什么是应该的，什么是不应该的。这就是阿里巴巴的“人文”关怀，靠的不是管理界所津津乐道的流程化管理，而是信任，是德治。

但德治如何量化和考核，也是困扰好多企业家、老板们已久的课题。在后面的章节中，我们将继续用实际案例加以分享。

2. 企业要依靠员工的效力才能发展壮大

管理理念的传承、企业文化的提升，必须依靠人，因为只有人才能不断地吸收新的理念，并将其融入工作，把新的血液注入企业。因此，一定要让员工在企业中感受到家的温暖，感受到自己的价值，具备高强度的主人翁意识，这样才能让我们的员工形成向心力，服务于企业发展。这就是企业前进的重要人才基石。只有这样才能通过他们自动自发、凡事全力以赴的工作态度，提升企业全新的发展。

“用好人”又分为用“好人”和“用好”人两层含义：

一是用“好人”。在企业的实际工作中，会涉及还没来得及申请专利的新工艺和新技术、财务数据、施工合同内容、招标投标的标的等商业秘密。员工在企业活动中，难免会遇到利益矛盾和诱惑，在这种情况下，如果一个员工的职业操守有问题，再加上利益的驱动，很难保证其不做出有损于企业利益之事，给企业造成损害。从这一点来讲，用人上应该辨别良莠，优先考虑员工的道德素养与职业操守，也就是价值观问题。如何做“品德”考核呢？这里，我们继续以阿里巴巴为例，看看阿里是如何进行品德考核的，如何进行价值观的考核的。阿里的价值观是用制度来保证，考核的时候是很严的，一条条的过，业绩只占 50%，价值观考核也要占 50%。业绩再好顶多只能拿 50% 的奖金，价值观要怎么考，员工互评打分？这种做法很小儿科，但是很管用。怎么互评打分呢？一一举例子，上下级互相举例子，举例说明是非常难的事，你要对上级非常了解，否则是举不出例子的，下级要证明我的得分高，要举个正面例子，但你也要自评，举个反面例子，阿里是用举例子一个个来过。当有了这套价值观的考核体系以后，他们在正常的业务流程中不断检查，而不是去完善补充增加法治，法治越强，德治就越弱，阿里认为：法治是基于对别人不信任。

二是“用好”人。在企业中，企业要发挥每一位员工的最大积极性，让企业内的人才各尽所长，不浪费人力资源，挖掘每一位员工的最大劳动潜力，使其更好地效力于企业发展。

企业要既能为员工提供适合其发展个人才能的工作和思维空间，尽可

能地发挥其主观能动性，又能使员工尽可能远离人事斗争，同时又能为其提供合理的学习和晋升机会，保证其能得到合理的奖励机制，这样才能最大限度地调动员工的积极性，通过主动工作来提升工作业绩，增加工作收入，达到企业和个人的“共同”发展。

古语云：“得人心者得天下，失人心者失天下。”一个企业是否具有强大的凝聚力，是决定一个企业成功与否的重要因素。以“信”为本是人本管理的基础：一是让员工参与企业管理。企业要建设“以人为本”的企业文化，必须尊重员工的主体地位，吸引员工参与企业文化的民主管理，有效地开展合理化建议和自主管理活动等形式，调整员工士气，增强企业凝聚力。员工通过参与企业管理，实现自我价值；企业则通过员工的参与，达到更高的效益目标。二是注重员工自身发展。员工个人成长进步和自我实现是当前员工最关心的问题。员工寻求发展的目光往往首先定位于组织内部存在的条件和机会，亦即企业内部成长通道，即员工进入企业后，在其已有的专业知识和技能特点的基础上，配合组织发展目标进行有计划的学习、培训，不仅在专业知识和技能方面，而且在职务和职位晋升方面，可能获得进步与提高的一种组织机制。所以，企业要留住员工、增强企业凝聚力，除必要的福利制度、优厚的薪酬待遇以外，更要拓宽企业成长通道，建立企业自己的学习型组织，比如商学院、培训中心等，使企业成为员工成长和发展的基地和摇篮。

企业文化的人文力量，可以为员工创造一个人际关系和谐的、能够充分发挥各自能力、实现自我价值的、生活丰富多彩的宽松的工作环境。例如，IBM的企业文化是尊重别人、追求卓越、深思后再行动；INTEL（英特尔）的企业文化是成果导向、建设性的矛盾、追求卓越、一律平等和纪律。

企业文化的凝聚力能通过建立共同的价值观念、企业目标，把员工凝聚在企业周围，使员工具有使命感和责任感，自觉地把自己的智慧和力量会聚到企业的整体目标上，把个人的行为统一于企业行为的共同方向上，从而凝结成推动企业发展的巨大动力。

原始动力——企业文化推动企业持续发展、基业常青

我国的企业经过30多年的飞速发展，在整个国民经济中占据半壁江山，发挥着越来越重要的作用。但不可否认的是，有些曾风靡一时的企业已经销声匿迹。这些企业是靠着老板一个人的社会资源和人脉关系发展起来的，只看重眼前的利润，不去拓展新的客户群体，不注重员工团队建设，没有企业文化，也不去建设企业文化。在短期内，由于一些原因，这些企业的经营状况可能会很好，但是，这种状况不会持久，即使得了利，也只是昙花一现，短暂的辉煌。没有企业文化理念和相适应的企业文化氛围，企业文化建设跟不上企业同时期规模、效益的发展一直是遏制企业长期发展的"恶疾"。可以说，企业没有文化，难以做到基业长青。换句话说，一个有竞争力的企业，一定是有文化的企业。

当然，也有许多企业家渐渐明白，企业没有凝聚力、向心力，完全是因为没有自己核心的企业文化，墙上的企业文化成了画上的美人，很漂亮但生不了娃、落不了地。企业是一种以人为本的经济组织，最终决定企业命运的肯定是——"人"，人是生产力要素中最具活力的因素，资金、土地和其他自然资源再丰富没有人也不会增值，而要调动人的活力，必须依靠企业的灵魂——企业文化。

重庆力帆集团公司董事长尹明善认为，中国企业一定要有中国特色的企业文化。它必须继承中国文化的优良传统，体现改革开放的时代精神。娘家珠宝董事长廖兆锋先生曾表示，企业文化是企业的灵魂，好比一个人的个性，它是由精神文化、行为文化、制度文化、物质文化构成的统一体，一个企业若想具有持久的生命力，成为长寿公司，必须全方位创立具

有本企业特色的优秀企业文化。企业文化从一定意义上讲，就是这个企业的性格，一个企业者什么样的性格也决定着这个企业将来的命运。

让我们来看看雅戈尔是怎样做的。该公司创建于1979年，经过30多年的发展，已形成了以品牌服装为龙头的纺织服装垂直产业链。2011年，雅戈尔加速品牌提升的步伐，向品牌运营型、内销型企业转型，加大投入拓建、整合渠道，密切与商家关系，同时整合优化产业链，培育供应链企业，凭借产品研发设计以及着眼未来的品牌战略，品牌服装板块取得突破性发展。雅戈尔在全国拥有772家自营专卖店，2632家各品牌商业网点。其主打产品衬衫为全国衬衫行业第一个国家出口免验产品，连续17年获得市场综合占有率第一位，西服连续12年保持市场综合占有率第一位。雅戈尔品牌多次荣获“最受消费者喜爱品牌”和“行业标志品牌”称号。

雅戈尔的企业文化体现在其价值观方面。诚信、务实、责任、勤俭、和谐是雅戈尔的核心价值观。

诚信，是雅戈尔的文化之根。诚实守信既是企业发展的基石、立企之本，也是企业恪守的基本准则。雅戈尔的经营之道及成功之道皆源于诚信的道德意识和规则意识。

务实，是雅戈尔的文化之本，也是企业的经营风格。百年基业的夯实依赖于潜心耕耘，埋首苦干。不断创造价值是企业存在的首要前提，没有务实无以发展。

责任，是雅戈尔的文化之纲。雅戈尔的社会责任不仅是为消费者提供优质产品，为员工创造福祉，为股东创造效益，为社会创造价值，更要成为中国商业伦理的践行者。

勤俭，是中国人的一种传统美德，是中华民族的优良传统。静以修身，俭以养德，无欲则刚。勤俭不仅仅是一种对财富的态度，更反映了一个人的心态和境界。树清正之气，立节俭之风，成百年伟业。

和谐，是雅戈尔的文化之果。雅戈尔文化追求的最高目标是和谐，和谐是人与人之间、人与企业之间、企业与社会之间关系最融洽、最健康、最有利于进步的层次。和谐源于责任，从宽容、合作、共济做起，从身边做起。没有责任就不会和谐，每个人都考虑自己，就不会和谐，每个人都会考虑他人，才会和谐。

我们知道，企业文化的内涵是企业的核心理念、经营哲学、管理方式、用人机制、行为准则的总和。其中最为主要的是企业的核心价值观，这个价值观是企业在成长的过程中不断沉淀积累的结果，是根据所从事行业的特点和外部环境的变化而不断批判和继承的结果。企业在价值观的引导下，会聚集起一批具有相同价值观的员工，在相互认同的工作方式和工作氛围里，为共同的价值目标而努力，使企业具有极强的凝聚力和竞争力，最终赢得竞争的胜利，求得企业的扩张与发展。

所以说，良好的企业文化能够创造出一个良好的企业环境，提高员工的道德素质和科技文化素质，形成企业发展不可或缺的精神纽带和道德纽带，调动并合理配置各个环节的积极因素。改革改到深处是文化，成功的企业之所以成功是因为它有独具特色的企业文化。同时，良好的企业文化是企业持续创新的动力源泉和保障基础，将极大地推动企业的持续变革与创新。只有积极努力地加强企业文化建设、创立良好的企业文化氛围，以企业文化为核心，凝聚企业管理团队和企业人力资源、建设高效的研发与制造平台、把好产品结构战略决策关，才能保障企业的不断变革与创新，推动企业持续发展。因此，企业文化是企业持续发展、基业长青的核心要素。

竞争突围——企业文化与企业竞争力

稍有点社会经验的人，在判断一个人是否具备良好的素质时，并不是看他的身上穿戴了多少名牌，或他驾驶的是不是名车，而是看他的一些细

小的举止和对具体事务的处理方式。这与看一个企业有没有文化一样，不用看它的宣传资料，只要看看员工的表情就知道——有良好企业文化的企业员工精神饱满、斗志昂扬；没有良好企业文化的企业员工一脸苦相，还整天牢骚满腹。企业与企业最大的区别就在这儿。

最近，IBM 咨询公司对世界 500 强企业的调查表明，那些之所以在同行业中能出类拔萃的企业，关键在于具有优秀的企业文化。优秀的企业文化是它们位列世界 500 强的根本原因。可以这样说，现代企业间的竞争，说到底是文化的竞争。可以说，竞争力是企业资源和能力的综合反映，是企业所持有的、不易被竞争对手效仿的独特能力，这种能力包括具有企业特色的企业精神、核心价值观、经营管理理念、企业形象及员工素质等。

由此，我们得到了一个经验或者说一条真理：凡业绩辉煌的企业，企业文化的作用都十分明显。那么为什么成功的企业如此看重企业文化呢？答案是他们有着独到见解：企业文化再造是推动企业前进的原动力，企业文化是核心竞争力之一。

优秀的企业文化是企业核心竞争力的重要组成部分。建立良好的企业文化，有利于强化企业核心竞争力的基础。

企业文化对增强企业竞争力具有四大作用。

1. 凝聚作用

企业文化是企业的黏合剂，它能够将本来有着不同愿景、不同人生目标的人聚集在一起，能够促使大家求同存异，暂时摒弃各自在性格或者风格上的不同，而选择共同为了一个方向、一个目标前进。这就是企业的整体生存力。

2. 导向作用

企业价值观与企业精神，能够为企业提供具有长远意义的、更大范围的正确方向，为企业在市场竞争中基本竞争战略和政策的制定提供依据。比如，“观念比资金更重要”模式，认为观念是产生生产力和利润的源泉。

再比如，随着市场的变化发展，企业在经营活动中确立并有效贯彻了重视危机忧患的“末日观念”，以人为本的“人力与人才观念”，以消费者认可为目标的“市场与竞争”观念等。在构成企业文化的诸多要素中，价值观念是决定企业文化特征的核心和基础，企业必须对此给予足够的重视并使之不断创新，与时俱进。

3. 激励作用

共同的价值观念使每个员工都感到自己存在和行为的价值，自我价值的实现是人的最高精神需求的一种满足，这种满足必将形成强大的激励。在以人为本的企业文化氛围中，领导与员工、员工与员工之间互相关心，互相支持，特别是领导对职工的关心，职工会感到受人尊重，自然会振奋精神，努力工作。另外，企业精神和企业形象对企业职工有着极大的鼓舞作用，特别是企业文化建设取得成功，在社会上产生积极影响时，企业职工会产生强烈的荣誉感和自豪感，他们会加倍努力，用自己的实际行动去维护企业的荣誉和形象。

4. 执行力作用

企业执行力，除了合理的组织架构、分工协作、完善信息沟通渠道、人员素质、监督管理等科学的管理方法外，更少不了一个良好的企业文化的支持。海尔公司算是第一个用“流程管理”的方法来提高执行力和工作效率的企业，同时企业已形成一种高效的文化，执行、高效、效益已经约定俗成了，简单来讲还是“人”的作用。那么如何来提高企业文化的执行力呢?

我们来看看两个马夫的故事：有一个商人从同一地点、同一时间分别把两批同样重量的货物，托给张三和李四运送到同一个港口。结果，张三比李四提前一天到达并把货物装进货船，从此以后，这位商人把所有的货物都托给他来运送。很长一段时间李四找不到商家，于是向张三请教，我养的马和你养的马一样壮，为什么你的马车就跑得比我快？张三就告诉他

说："我每天不但给马吃足够的粮食，而且每天花好多时间跟马玩耍、说话、聊天，甚至还睡在它的旁边。"听了张三的话后，李四也按照张三所说的去做，没过多久自己的马车跑得飞快，生意也多起来了，最后他总结出原来马是像人一样有感情的。

当然，企业经营比马夫的故事复杂得多，但可以说一个决策或方案并不是领导利用职位的权力说一句话，员工就会完成得很好。同时上述故事也反映出一个沟通问题，如果在执行过程中存在诸多问题，又没有做良好的沟通，毫无疑问会影响工作的效率。一个企业如果没有高效沟通机制，一定会影响企业的发展和业务。这就是杰克·韦尔奇的管理真谛："管理就是沟通，沟通，再沟通。"

世界500强企业之所以具有在全球攻城略地的能力，靠的是成熟深厚的企业制度的支撑，而企业文化建设是制度创新的重要内容，也是企业持续、健康发展的重要保证。

凡业绩辉煌的企业，都有着良好的企业文化。在竞争日益激烈的环境中，企业要想具备良好的竞争力，企业文化起着举足轻重的作用。那些成功的企业也充分证明了企业文化的重要作用，在IBM、索尼、通用电气以及海尔等众多著名企业的成功过程中，良好的企业文化无一不对企业竞争力的增强起到了决定性的作用。

华为的"狼"文化

任正非创建了生生不息的华为"狼"文化，以"狼"性的企业文化为先导来经营企业，是任正非的基本理念，通过他的一些讲话可以帮助我们理解华为文化的内涵。任正非认为资源是会枯竭的，唯有文化才能生生不息。他说："人类所占有的物质资源是有限的，总有一天，石油、煤炭、森林、铁矿会被开采光，而唯有知识会越来越多。以色列这个国家是我们学习的榜样。一个离散了两个世纪的犹太民族，在重返家园后，他们在资源严重贫乏、严重缺水的荒漠上，创造了令人难以置信的奇迹。他们的资源就是有聪明的脑袋，他们是靠精神和文化的力量，创造了世界奇迹。"

任正非说："华为公司有什么呢？连有限的资源都没有，但是我们的员工都很努力，拼命地创造资源。为了能生存下来，我们的研究与试验人员没日没夜地拼命干，拼命地追赶世界潮流，我们有名的垫子文化，将万古流芳。我们的生产队伍，努力进行国际接轨，不惜调换一些功臣，也绝不迟疑地坚持进步；机关服务队伍，一听枪声，一见火光，就全力以赴支援前方，并不需要长官指令。""我认为内地的企业不景气，不仅仅是一个机制问题，关键是企业文化。能否把我们华为的文化推到内地去，救活中国内地的企业？内地企业当然有机制和管理方面、资金方面的问题，但也有一个企业文化问题，内地许多企业就没有企业文化。"

在与外商的竞争中，国内企业无论是技术上还是资金上、服务上都处于劣势，因此普遍采用了"运动战术"。而华为由于民营身份和领导人任正非的平民背景，更是弱者中的弱者。因此，变弱为强就成为自然而然的思维线路。这一点，任正非的确得益于在军队时对毛泽东、克劳塞维茨等军事家所著著作的研读。"农村包围城市""压强战术""以价格战狙击对手"等战术，都是"战争状态"下的自然产物。

我国绝大多数企业的文化中，都带有强烈的战争色彩："形势是严峻的""竞争是残酷的""市场只有第一、没有第二""不是生存就是死亡"等。进入尖端科技时代，"生与死"的概念换成了"吃与被吃"的流行说法，即所谓的"大鱼吃小鱼""快鱼吃慢鱼"。企业为什么会有这么残酷的意识呢？我们还是以华为为例来说明这个问题。

1987 年创立的时候，华为的生死意识就是电信设备与大众消费品的区

别，后者的市场过广，外资不可能一下子占完，而前者的市场空间本来就非常有限，加上县级邮电局，也不过几千个。而这几千个客户，用的都是进口设备。这种情况下，生存就意味着要战胜对手，发展就意味着要控制对手，削弱对手就要把对手的市场当作“骨头”啃下来、当作“炮楼”端下来。企业之间甚至员工之间的敌对状态是必然的。

由于战略和战术的卓有成效，因而得到了反复强化和使用，也逐渐被华为员工认同和接受。而根据企业的经营战略和基本战术制定的对员工精神状态的强化措施，进一步影响到员工的观念、思想和精神层面。

为了增强员工的生存意识和生存能力，华为不停灌输各种概念：“活下去是硬道理”“为了市场销售增长所做的一切都不是可耻的”“企业就是要发展一批狼”。狼有三大特性：一是敏锐的嗅觉，二是不屈不挠、奋不顾身的进攻精神，三是群体奋斗的意识，“胜者举杯相庆，败者拼死相救”“狭路相逢勇者胜”等。

这些鼓动性很强的概念，经过任正非富有煽动力的讲话，使一线年轻员工很容易进入大无畏的精神状态，以令对手头晕的气势展开肉搏。随手一翻华为领导的内部讲话和宣传材料，感觉像重新回到了战争年代，字里行间充斥着激情、鼓舞、煽动、号令和诱惑，任正非卓越的口才被公认为是这种传统的源泉。

华为的精神包括：

1. 吃苦耐劳精神

几乎每个华为人都备有一张床垫，卷放在各自储存铁柜的底层或办公桌、计算机台的底下，外人从整齐的办公环境中很难发现这个细节。午休的时候，席地而卧，方便而适用；晚上加班，夜深人静，灯火阑珊，很多人却不回宿舍，就着一张床垫，累了睡，醒了再爬起来干，黑白相继，没日没夜。可以说，一张床垫半个家，华为人是携着这样一张张床垫走过8年创业的艰辛与卓越。颜色各异、新旧杂陈的一张张床垫，载着华为人共同的梦想。床垫文化的意味也从早期华为人身体上的艰苦奋斗发展到现在思想上的艰苦奋斗，构成华为文化一道独特的风景。

2. 敬业精神

什么人能做好工作？就是有强烈的敬业精神、献身精神的人，华为努力去发现这样的人。不具备华为文化，又不努力去学习和主动融入华为文化的人，就不可能在华为有所作为。

3. 艰苦奋斗精神

华为公司提倡思想上艰苦奋斗。思想如何去艰苦奋斗呢？提高思想，提高认识，不断地学习，思想不断进步，这应该是艰苦奋斗吧。然而细想一下，这似乎还不够，还只是一般性的思想进步。怎样才算是艰苦奋斗呢？艰苦奋斗还应有一个目标，应该是不断地超越自我。体育比赛中，冠军的获得不会是因为他跳得很高，跑得很快，而应是在所有人中跳得最高，跑得最快。然而这个纪录如果他自己不去刷新，那么过不了多久，就会被别人刷新。思想上的艰苦奋斗除了横向的比较外，还应该与自己纵向比较。你的思想不提高，别人的思想就会超过你，只有不断地超越自我，思想进步最快，这才算是思想上的艰苦奋斗。

第三章

根源——企业文化的源与流

企业文化好比四川饮食的麻辣文化，水煮、火锅、泡菜、麻辣烫……大师傅手持小勺，在坛坛罐罐间如穿花蝴蝶，左一勺右一勺，看得人眼花缭乱；干辣椒、鲜辣椒、泡辣椒、辣椒面、辣椒段、辣椒油、青辣椒、红辣椒……做什么菜，该用什么辣椒，辣到什么程度，那是万万不能含糊的。在四川“麻辣”二字无处不在，这就是四川文化的根源。

文化形象——企业文化的概念

说了半天企业文化，我知道你也想问我，到底什么是企业文化。

在回答这个问题之前，我们先谈谈“文化”一词。从广义上说，文化是人类社会历史实践过程中所创造的物质财富与精神财富的总和；从狭义上说，文化是社会的意识形态以及与之相适应的组织机构与制度。而企业文化则是企业在生产经营实践中逐步形成的，为全体员工所认同并遵守的、带有本组织特点的使命、愿景、宗旨、精神、价值观和经营理念，以及这些理念在生产经营实践、管理制度、员工行为方式与企业对外形象的体现的总和。通俗点讲，企业文化就是一个企业的性格。比如，海尔的企业文化的核心是创新；华为的企业文化是“狼性”；蒙牛的企业文化是“小胜凭智，大胜靠德”。

“四肢发达，头脑简单”，这是我们评价那些没有灵魂的人的常用语。可见，灵魂对一个人来说有多重要。而企业文化就是企业的灵魂，它是推动企业发展的不竭动力。它包含着丰富的内容，其核心是企业的精神和价值观。这里的价值观不是企业管理中的各种文化现象，而是企业或企业员工在从事商品生产与经营中所持有的价值观念。

那么，是不是企业文化的概念只有这一种呢？其实，企业文化的概念，有许多不同的认识和表达：

美国学者约翰·科特和詹姆斯·赫斯克特认为，企业文化是指一个企业中各个部门，至少是企业高层管理者们所共同拥有的那些企业价值观念和经营实践……是指企业中一个分部的各个职能部门，或地处不同地理环境的部门所拥有的那种共同的文化现象。

20 世纪 80 年代初，美国哈佛大学教育研究院教授特雷斯·迪尔和麦肯锡咨询公司顾问阿伦·肯尼迪在集中对 80 家企业进行详尽的调查后，写成了《企业文化——企业生存的习俗和礼仪》一书。该书出版后，就成为最畅销的管理学著作，后又被评为20世纪80年代最有影响的10本管理学专著之一，成为论述企业文化的经典之作。书中用丰富的例证指出：杰出而成功的企业都有强有力的企业文化，即为全体员工共同遵守，但往往是自然约定俗成的而非书面的行为规范；并有各种各样用来宣传、强化这些价值观念的仪式和习俗。正是企业文化——这一非技术、非经济的因素，影响了企业决策的产生、企业中的人事任免，以及员工们的行为举止、衣着爱好、生活习惯等。在两个其他条件都相差无几的企业中，企业文化的强弱，对企业发展所产生的作用就完全不同。

日裔美籍管理学家威廉·大内认为，企业文化是“进取、守势、灵活性”——即确定活动、意见和行为模式的价值观。

企业文化是一种新的现代企业管理理论，企业要真正步入市场，走出一条发展较快、效益较好、整体素质不断提高、使经济协调发展的路子，就必须普及和深化企业文化建设。

企业文化有广义和狭义两种理解。广义的企业文化是指企业所创造的具有自身特点的物质文化和精神文化；狭义的企业文化是企业所形成的具有自身个性的经营宗旨、价值观念和道德行为准则的综合。

企业文化是社会文化体系中的一个有机的重要组成部分，它是民族文化和现代意识在企业内部的综合反映和表现，是民族文化和现代意识影响下形成的具有企业特点和群体意识以及这种意识产生的行为规范。

企业文化是所有企业员工共同的理想和最具体的行动。

企业文化是企业理想行动化。

企业文化是一个企业所信奉的主要价值观，是一种含义深远的价值观、神话、英雄人物标志的凝聚。

企业文化是指导企业制定员工和顾客政策的宗旨。

企业文化是在企业中寻求生存的竞争“原则”，是新员工要为企业所

录用必须掌握的“内在规则”。

企业文化是企业内通过物体布局所传达的感觉或气氛，以及企业成员与顾客或其他外界成员交往的方式。

企业文化就是传统氛围构成的公司文化，它意味着公司的价值观，诸如进取、守势或是灵活——这些价值观构成公司员工活力、意见和行为的规范。管理人员身体力行，把这些规范灌输给员工并代代相传。

企业文化就是在一个企业中形成的某种文化观念和历史传统，共同的价值准则、道德规范和生活信息，将各种内部力量统一于共同的指导思想和经营哲学之下，会聚到一个共同的方向。

企业文化是经济意义和文化意义的混合，是指在企业界形成的价值观念、行为准则在人群中和社会上发生了文化的影响。它不是指知识修养，而是指人们对知识的态度；不是利润，而是对待利润的心理；不是人际关系，而是人际关系所体现的处世为人的哲学。企业文化是一种渗透在企业的一切活动之中的东西，它是企业的美德所在。

企业文化是指企业组织的基本信息、基本价值观和对企业内外环境的基本看法，是由企业的全体成员共同遵守和信仰的行为规范、价值体系，是指导人们从事工作的哲学观念。

企业文化是在一定的社会历史条件下，企业生产经营和管理活动中所创造的具有本企业特色的精神财富和物质形态。它包括文化观念、价值观念、企业精神、道德规范、行为准则、历史传统、企业制度、文化环境、企业产品等。其中价值观是企业文化的核心。

无论如何对企业文化下定义，如果没有办法落地执行，企业文化就会成为挂在墙上的空话，但将企业文化进行细化落地，是一个宏大的系统工程。

和谐统一——企业文化的特征

企业文化具有独特性、继承性、凝聚性、激励性、约束性、创新性等特征。

1. 独特性

每个企业都有其独特的文化积淀，这是由企业的生产经营管理特色、企业传统、企业目标、企业员工素质以及内外环境不同所决定的，因此企业文化具有鲜明的个性和特色，具有相对独立性。人们在改造主观世界和客观世界的过程中，逐步在某一地区、某一公司中形成具有一定特征的共同观念，包括信仰、思想、文化、行为规范等内容，是企业文化的具体体现，是人类在社会历史发展过程中所创造的物质财富和精神财富的总和，特指精神财富。这些在精神领域形成的一个地区或一个集团的共同观念，在改造和利用自然为人类服务的过程中，逐步形成了凝聚一部分人思想的无形的精神力量，它将会不自觉地进入到人们的头脑中。

2. 继承性

企业是在一定的时空条件下产生、生存和发展的，企业文化是历史的产物。企业文化的继承性体现在三个方面：一是继承优秀的民族文化精华；二是继承企业的文化传统；三是继承其他企业文化实践和研究成果。比如，娘家珠宝的企业文化是“每一块宝石都承载着万年的风雨，每一颗珠宝都传承着家族的历史”。娘家珠宝把宝石天然的风雨承载文化与家族奋斗的光荣传统进行了很好的融合，既对宝石的本质属性进行了客观的阐述，又把珠宝内在传承的精神进行很好的具象化。珠宝不再只是简单的奢侈品、收藏品，而且是一种精神、一种高贵品质的传承。

3. 凝聚性

企业无论历史长短，其经营过程都需要企业员工的精诚团结与合作，

形成一体化。企业文化恰恰可以通过共同形成的价值观、行为规范、工作氛围和奋斗目标来增强企业内部的凝聚力。它像一条无形的纽带，把企业员工的个人追求和生活目标与整个企业的发展目标趋于一致，使分散的力量团结为一个整体。企业文化的凝聚性一方面可以通过企业在外部的成功而得到体现，另一方面则是在企业遇到暂时困难和挫折的时候，企业上下能够万众一心、同舟共济、共渡难关。而如果一个企业人心涣散、离心离德，那么这个企业就不会有生机和活力。

4. 激励性

激励是文化本身就有的一种特性，企业文化更是如此。企业文化的作用，在于它所固有的共同价值观，这种共同的价值观使企业的每个员工都能感受到自己在该企业中存在及其行为的价值。这种自我价值实现是人所需的一种满足，这种满足必将形成强大的激励作用，从而使他们的精神境界得到进一步的升华，激励企业员工心甘情愿地为企业做出奉献。企业领导者、管理者对员工的关心，会让员工感到受人尊重从而获得一种精神上的满足，进一步振奋精神，奋力拼搏；企业领导者、管理者对员工充满爱意的批评，能够使员工克服自身的不良习气，争做一名优秀的员工；企业领导者、管理者对员工的表扬与奖励，使其他员工学有榜样。要特别指出的是，良好的企业文化对企业员工有着极大的鼓舞作用，他们会自然而然地产生强烈的荣誉感和自豪感，从而更加焕发努力精神，并以实际行动去维护企业的荣誉。

5. 约束性

企业文化的约束性主要是通过三个方面来体现的：一是各项规章制度的约束作用。规章制度是企业员工共同制定的，因而必须共同遵守，但规章制度的作用并非以压制员工的积极性和创造性为代价，而是为了使员工的聪明才智最大限度地发挥出来。二是职业道德的约束作用。职业道德是人们在长期工作中共同形成的具有职业特点的行为规范。企业的每一位员工都应该受到职业道德的约束，例如商业企业员工必须讲究文明经商、公平买卖、礼貌待客等。三是社会公德的约束作用。企业行为是与社会各方面密切相连的，因此企业的每一位成员还应该遵守社会公德，这样才有利于企业及员工个人的全面发展与进步。

企业文化作为一种新的管理理论，是一个融合经济和文化意义的新概念。尽管国内外对其有多种解释，但其基本含义是确定的，即指一个企业在自己的历史发展中，在长期的生产、建设、经营、管理实践中逐步形成的、占主导地位的、并为全体员工认同和恪守的价值观念和行为准则。

企业文化反映着一个企业特有的，为社会所公认的品格、素质、精神、作风以及公众形象等文化积淀，对于企业以至社会发展产生一定的文化影响作用。

6. 创新性

企业文化在发展的过程中，必须消除消极、落后的传统，继承优秀、进步的传统，并随着经济社会发展和知识经济的到来，不断地改革创新，因地制宜地用新的视野、新的思路、新的价值观来构建新的企业文化，使企业真正成为学习型组织、创造型组织，不断培育和提升核心竞争力，提供全方位服务。

整体模式——企业文化的结构

企业文化结构是指企业文化系统内各要素之间的时空顺序、主次地位与结合方式。

企业文化结构就是企业文化的构成、形式、层次、内容、类型等的比例关系和位置关系。它表明企业文化的各个要素如何链接，形成企业文化的整体模式。

荷兰组织人类学和国际管理学教授 G. 霍夫斯塔德在其著作《跨越合

作的障碍——多元文化与管理》中开篇论述道：尽管不同时代、不同民族的文化各具特色，但其结构形式大体是一致的，即由各不相同的物质生活文化、制度管理文化、行为习俗文化、精神意识文化四个层级构成。根据该理论，我们把企业文化剖分成形象、行为、制度和价值观四个层次，如图 1 所示：

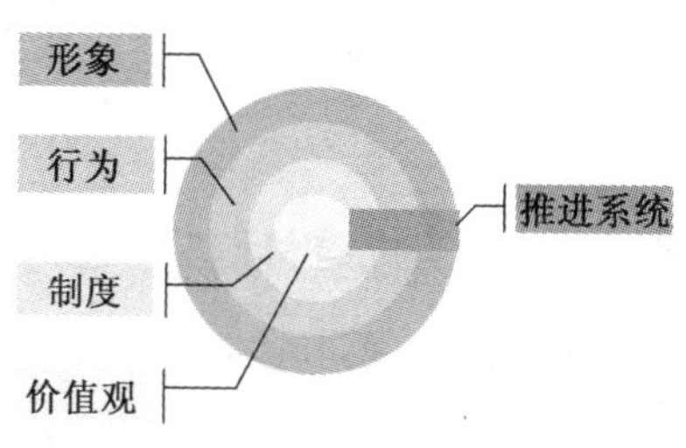

图 1　企业文化结构图

企业文化结构可以分为四层：第一层是表层的物质文化；第二层是幔层的（或称浅层的）行为文化；第三层是中层的制度文化；第四层是核心层的精神文化。

1. 企业文化的物质层

企业文化的物质层也叫企业的物质文化，它是企业职工创造的产品和各种物质设施等构成的器物文化，是一种以物质形态为主要研究对象的表层企业文化。企业生产的产品和提供的服务是企业生产经营的成果，它是企业物质文化的首要内容。另外，企业创造的生产环境、企业建筑、企业广告、产品包装与设计等，也是企业物质文化的主要内容。

2. 企业文化的行为层

企业文化的行为层又称为企业的行为文化。如果说企业物质文化是企业文化的最外层，那么企业行为文化可称为企业文化的幔层，或称为第二层，即浅层的行为文化，是指企业员工在生产经营、学习娱乐中产生的活动文化。它包括企业经营、教育宣传、人际关系活动、文娱体育活动中产生的文化现象。它是企业经营作风、精神面貌、人际关系的动态体现，也是企业精神、企业价值观的折射。企业行为文化主要分为企业家行为、企业模范人物行为、企业员工行为。

3. 企业文化的制度层

企业文化的制度层又叫企业的制度文化，主要包括企业领导体制、企业组织机构和企业管理制度三个方面。企业领导体制的产生、发展、变化，是企业生产发展的必然结果，也是文化进步的产物。企业组织机构，是企业文化的载体，包括正式组织机构和非正式组织机构。

企业文化是企业的灵魂，价值观是企业文化的核心。罗伯特·惠特曼和汤姆斯·彼德斯在《追求卓越》一书中认为，卓越的公司成功的要素在于七个方面，如图2所示：

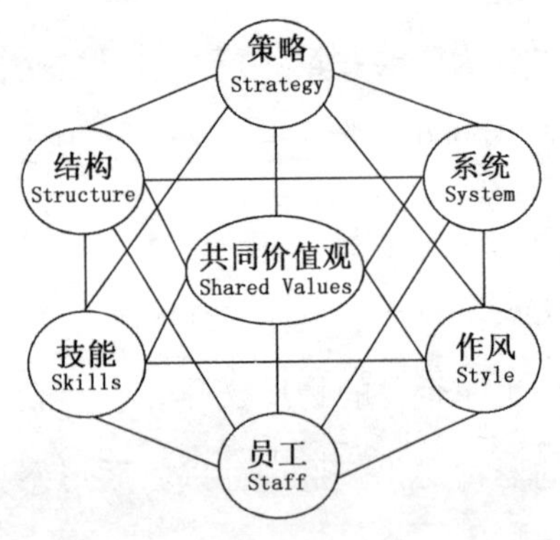

图2　7S模型

这就是著名的7S模型。从中可以看到，共同的价值观（Shared Values）处于核心的位置，也就是说它是一个公司成功的核心。

企业管理制度是企业在进行生产经营管理中所制定的、起规范保障作用的各项规定或条例。企业制度文化是企业文化的重要组成部分。制度文化是一定精神文化的产物，它必须适应精神文化的要求。人们总是在一定的价值观指导下去完善和改革企业各项制度的，企业的组织机构如果不与

企业目标的要求相适应，企业目标就无法实现。卓越的企业总是经常用适应企业目标的企业组织结构去迎接未来，从而在竞争中获胜。

4. 企业文化的精神层

企业文化的精神层又称为企业的精神文化。相对于企业的物质文化和行为文化来说，企业精神文化是一种更深层次的文化现象，在整个企业文化系统中处于核心的地位。

所谓的精神层，主要是指企业或组织的领导和成员共同信守的基本信念、价值标准、职业道德和精神风貌。精神层是企业文化的核心和灵魂，它主要包括以下几个方面的内容：

（1）企业或组织的最高目标。它是企业或组织全体成员的共同追求，是企业或组织全体成员凝聚力的焦点，是企业或组织共同价值观的集中表现，反映了企业或组织领导者和成员的追求层次和理想抱负，是企业文化建设的出发点和归属点。

（2）组织哲学。组织哲学就是组织领导者为实现组织目标而在整个管理活动中的基本信念，是组织领导者对组织长远发展目标、发展战略和策略的哲学思考。

（3）组织精神。所谓的组织精神，是组织有意识地提倡、培养其成员群体的优良风貌，它是对组织现有的观念意识、传统习惯、行为方式中的积极因素进行总结、提炼及倡导的结果，通过全体成员有意识地实践体现出来。

（4）组织风气。一般意义上的组织风气是指组织及其成员在组织活动中逐步形成的一种带有普遍性的、重复出现且相对稳定的行为心理状态，是影响整个组织生活的重要因素。

（5）组织道德。所谓的组织道德，是指组织内部调整人与人、单位与单位、个人与集体、个人与社会、组织与社会之间关系的行为准则。就其内容结构来看，主要包含调节成员与成员、成员与组织、组织与社会三方面关系的行为准则和规范。

(6) 组织宗旨。顾名思义，组织宗旨就是指组织存在的价值及其对社会的承诺。

百家争鸣——企业文化的类型

在谈到企业文化类型时，我们看到迪尔和肯尼迪把企业文化分为四种类型：强人文化、拼命干尽情玩文化、攻坚文化、过程文化。

强人文化鼓励内部竞争和创新，鼓励冒险，具有竞争性较强、产品更新快的特点；拼命干尽情玩文化把工作与娱乐并重，鼓励职工完成风险较小的工作，具有竞争性不强、产品比较稳定的特点；攻坚文化投资大、见效慢，具有在周密分析基础上孤注一掷的特点；过程文化着眼于如何做，基本没有工作的反馈，职工难以衡量他们所做的工作，具有机关性较强、按部就班就可以完成任务的特点。

不过，这种对企业文化分类方法，我个人觉得并不适合我国企业的现实情况，我觉得以企业文化的运行特点及表现形式作为标准，可以把当前的企业文化分为5种基本类型：民主型、专权型、伦理型、法理型、权变型。这是比较适合中国国情的分类方法。

1. 民主型

这类企业文化的表现形式：有共同的价值观念、共同的团体意识、共同的企业风尚、共同的行为准则；员工能够知晓企业的重大事情、参与讨论企业的重大举措、共同计划企业的重大决策；责任层层分解落实到每一位员工，形成一种横向到边、纵向到底的责任网络；员工和企业共同面对客观环境的复杂多样与各种不确定性，科学地进行风险分析、认真地提出风险对策、勇敢地接受风险考验、积极地承担风险后果。

这类文化还表现在权力上的共享性，即在重大的权力运用、集体与个

人的利益分配上贯彻民主共享的原则，遵守公平、公正、公开的民主程序。民主型企业文化有时可能过于理想化，但在一些现代化的公司中仍不乏存在。

2. 专权型

这类企业文化的特点是权力高度集中，个人决策占据主导地位，企业管理人员往往实施家长式的指挥和决策。从企业的等级制度上看，结构森严，层级分明，有时是家族式的组织形态。从企业的管理运作上看，企业管理职能绝对集中，控制手段相当严密，赏罚制度极其严厉，有时近乎苛刻。而企业员工的参与意识和参与程度较低，依附性较强，崇拜权力和权威，劳资双方往往缺乏共同理解的基础。

许多由个人创办与控制的企业都具有权力型的企业文化。随着企业的发展，领导通常选择与自己具有相似工作方式的人承担关键的职责，这样的人在继续开展组织的工作时，将能够得到领导的信任，就好像领导自己在工作一样。

专权型文化非常具有“政治”的性质，并且很少需要规则与程序。决策是在权威领导影响的基础上作出的。企业的成功取决于领导者或其他关键人物的能力。这样，如果关键人物缺乏适当的技巧与能力，将使企业容易遭遇挫折。并且，当领导不在或离开企业时，企业将发现进行决策是非常困难的。

权力文化是一种非常个人主义的文化。关键人物制定决策并不需要寻求大多数人或委员会的支持。这样，再加上没有规则与程序的约束，使得这种文化对于变化的环境能够作出迅速的反应。

尽管权力文化总是与小企业联系在一起，但如果在最高管理层具有非常强硬和有影响力的个人时，权力文化也可以存在于大型企业中。在这种情况下，行政权力方面非常明显的争斗与竞争可能会降低组织运行的效率，也就是过于民主等于无主。

专权型的领导者独断专行，从不考虑别人意见，所有的决策都由自己决定，从不把任何消息告诉下级；下级没有任何参与决策的机会，而只能察言观色，奉命行事；企业主要依靠行政命令、纪律约束、训斥和惩罚进行管理，而只有很少的奖励。有人统计具有专制作风的领导者与别人谈话时，大约有 60% 的内容是采取命令和指示的口吻。在这种企业文化下，领导者事先安排一切工作的程序和方法，下级只能服从；领导者很少参加群体的社会活动，与下级保持相当的心理距离。专权型企业文化的优点是决策制定与执行的速度很快；缺点是下属的依赖性大，领导的负担较重，容易抑制下属的创造性。

3. 伦理型

这类企业文化的特点是推崇人与社会、人与企业、人与人之间的相互融洽、相互认同的亲和力、向心力和内聚力，把伦理关系作为维系企业秩序的精神支柱和企业运行的基础；着重于培养和强化忠于职守、安于本行、敬业勤业的道德信念。

这种带有人治特征的企业文化往往存在于中国传统企业和具有儒家思想传统的企业中。伦理型企业文化在处理和协调人际关系中那些非激烈冲突的矛盾时具有一定的优势，但在经济竞争的激烈冲击下，涉及个人根本利益时，往往显得苍白无力。

4. 法理型

这类企业文化的基本特点是强调企业规章制度的权威性、强制性、稳定性的规范作用，极力以制度的严格约束使企业员工的行为方式趋于秩序化和标准化。企业员工的行为在法纪认可的范围内才得以允许；企业的主导作用和制约作用使个人在企业的结构体系中被定格在特定的地位、担当特定的角色。

一般而言，这种企业文化的优点在于能够培养企业员工的法治观念，有利于管理行为的步调一致和卓有成效的管理控制，避免权利和义务的推

诿扯皮，可以最大限度地提高企业的整体效率。其不足之处在于企业的规章制度总是有限度的，不可能面面俱到，因而只能在一定的范围和领域内有效，否则就可能出现规章制度的滥用。这种企业文化存在于某些比较规范化的现代化公司中。

5. 权变型（实用型）

这类企业文化的特点是没有固定不变的模式，其管理思想和管理方式依据工作性质、工作特点、环境条件、员工素质和领导风格等具体情况确定，往往采取实用主义的态度博采各家特点，所以又称之为混合型企业文化。

权变型企业文化优点是能够适应外界环境和内部员工队伍构成的多变性，其缺点是始终不能形成自己特色的企业文化，只能随波逐流，或者风光一时尔后销声匿迹。这种企业文化存在于大多数的国有中小型企业之中。

内因外因——企业文化的影响因素

民间有句俗语，叫“见其子知其父”。为什么这么说呢？只要看看一个孩子的言语、行为和做事方式，就可以看出他的父亲究竟是怎样的人。父亲说话干脆利落，儿子也不会拖泥带水；儿子见人东西不眼红，父亲肯定也是个光明磊落的人。说到底，父亲的一言一行，会在无形之中影响到儿子。

比如，2005 年热播的电视剧《亮剑》，为什么会那么受人欢迎？这并不是说全国人民都喜欢战争、都是战争贩子，而是因为独立团团长李云龙不仅影响了独立团的战士，也影响了全国人民。该剧的亮点是这位被政委称之为“土匪”的团长，把一支曾经元气大伤的“发面团”迅速打造成为善打硬仗、敢啃硬骨头、令敌人闻之胆寒的常胜之师。

他是怎样做到的？第一步，先让领导训话，旅长来扮演红脸的角色，一顿斥骂激发了战士们的耻辱感和不服输。第二步，力劝旅长和战士们喝酒，旅长来一句“我拜托大家了”，再加上一杯提前的庆功酒一下调动了战士们的士气和积极性。这时士气上来了，李云龙再来一场情感激励：“从今往后，我李云龙要让鬼子知道，碰到我们独立团，就是碰到一群野狼，一群嗷嗷叫的野狼。在咱们狼的眼里，任何叫阵的对手都是我们嘴里的一块肉。我们是野狼团，吃鬼子的肉，还要嚼碎他的骨头。狼走千里吃肉，狗走千里吃屎。咱野狼团什么时候改善生活？就是碰上鬼子的时候。”就这么几句直接、朴实但具有诱惑力的话，一下告诉战士们只有打胜仗才能扬眉吐气，点燃了独立团这座火山的导火索。

在行动方面，李云龙也深深影响着独立团的士兵。李云龙每次都冲锋在前，舍生忘死，以自身的实际行动，激发了全团的旺盛斗志和必胜信心，换来了战士们的由衷钦佩和坚决服从。“我就不把这次突围当成突围，当成什么？当成进攻，向敌人进攻!”他身上流动着的是对进攻和作战无人能及的激情。他身上的那种硬汉气息、铮铮铁骨影响着每一名战士。在攻打日军驻守的平安县城时，李云龙为减少士兵的伤亡，牺牲了自己的新婚妻子；在贴身警卫员遭土匪杀害后，不惜身受处分也要剿匪报仇。这些都提高了他在队伍中的威信和领导力，增强了队伍的凝聚力和向心力。这支队伍既有领导个人战斗力做指引，又有战士们集体战斗力作保障，这些就是成为常胜之师最重要的因素。

对于一个企业来说，也是如此。一个有着优良文化的企业也会时刻影响着每一名员工。海尔为什么会从一个亏空 147 万元的集体小厂，发展成为中国家电第一品牌，并于 2009 年实现全球营业额 1243 亿元，品牌价值 812 亿元，连续 8 年蝉联“中国最有价值品牌”榜首，被誉为“世界白色家电第一品牌”？这首先取决于海尔的第一任首席执行官张瑞敏，是张瑞敏打造的海尔文化，影响了海尔的员工。

当前，海尔的目标是创中国的世界名牌，为民族争光。这个目标把海

尔的发展与海尔员工个人的价值追求完美地结合在一起，每一位海尔员工将在实现海尔世界名牌大目标的过程中，充分实现个人的价值与追求。

那么张瑞敏是怎样的一个人呢，让我们来看看他与日本一位企业家的对话。一次，他出访日本一家大公司。该公司董事长热衷中国至理名言，在介绍该公司经营宗旨和企业文化时，阐述了“真善美”，并引述老子思想。张瑞敏也发表了自己的看法：《道德经》中有一句话与“真善美”语义一致，这就是“天下万物生于有，有生于无”。张瑞敏以这句话诠释了海尔文化的重要性。他说，企业管理有两点始终是我铭记在心的：第一点是无形的东西往往比有形的东西更重要。当领导的到下面看重的有形东西太多，而无形东西太少，一般总是问产量多少、利润多少，没有看到文化观念、氛围更重要。一个企业没有文化，就是没有灵魂。第二点是老子主张的为人做事要“以柔克刚”。张瑞敏说：“在过去，人们把此话看成是消极的，实际上它主张的弱转强、小转大是个过程。我们要认识到，作为企业家，你永远是弱势，如果你真能认识到自己是弱势，你就会朝目标执着前进，也就会成功。”

而海尔“人人是人才，赛马不相马”的人才观，也深深影响着员工。“赛马不相马”打破了“相马说”的窠臼，确属独创的人才观。海尔的赛马机制一是公平竞争，任人唯贤；二是职适其能，人尽其才；三是合理流动，动态管理。在用工制度上，海尔实行一套优秀员工、合格员工、试用员工“三工并存，动态转换”的机制。在干部制度上，海尔对中层干部分类考核，每一位干部的职位都不是固定的，届满轮换。海尔人力资源开发和管理的要义是，充分发挥每个人的潜在能力，让每个人每天都能感受到来自企业内部和市场的竞争压力，又能够将压力转换成竞争的动力，这就是企业持续发展的秘诀。

所以说，企业文化在很大程度上决定了企业的生命力，这就是企业文化对企业、对员工的影响。

丰田公司的企业文化如何落地

丰田汽车公司成立于20世纪30年代末，发展至今，公司拥有8个工厂，截至2007年11月，员工总数达到30.9万，生产的产品主要是汽车部件，包括钢铁、有色制品、化纤制品、塑料制品、橡胶、玻璃、各种日用品用具等。丰田汽车公司的汽车产量仅次于美国通用汽车公司和福特汽车公司，是世界第三大汽车制造公司，据美国《财富》杂志报道，丰田汽车公司自2008年始逐渐取代通用汽车公司而成为全世界排行第一的汽车生产厂商，现在位居世界500强第八，营收265701.8百万美元，利润11586.6百万美元，总资产达1200多亿美元。它的成功经验是积集人才、善用能人、重视职工素质的培养，树立良好的公司内部形象。

作为企业文化和人力资源管理结合中的一部分，丰田公司的企业教育，取得了很大的成果。这一点，在丰田的企业文化和人力资源管理中得到了证实。丰田公司对新参加公司工作的人员，有计划地实施企业教育，把他们培养成为具有独立工作本领的人。这种企业教育，可以使受教育者分阶段地学习，并且依次升级，接受更高的教育，从而培养出高水平的技能人才。

在丰田，教育的范围不仅仅指职业教育，而且还进一步深入到个人生活领域。教育的目标，具有生活的实际意义而为员工普遍接受。员工对这样的教育毫无厌烦之意，这种普遍性的教育，或许有人认为是极其平凡的，但是，这种教育是用哲学的思想贯穿起来并付诸实践的。有人问："丰田人事管理和文化教育的要害和目标是什么?"丰田的总裁曾作了这样的回答："人事管理和文化教育的实质，是通过教育把每个人的干劲调动

起来。”丰田教育的基本思想就是以“调动干劲”为核心的。

在丰田企业文化中有一项是非正式教育，在丰田叫作“人与人之间关系的各种活动”，是丰田独有的教育模式，这种教育就是前述的关于人的思想意识的教育。非正式教育的核心是解决车间里人与人之间的关系，培养相互信赖的人际关系。光靠提高工资、福利、保健等劳动条件，还不能积极地调动员工的干劲。丰田创造出一系列精神教育的活动，是以非正式的形式和不固定形式进行。其方法多种多样，把原本单纯由“福利保健”部门处理的事情，作为“培养人才”的基础纳入职工的日常生活之中。

非正式的各种活动有公司内的团体活动、个人接触（PT）运动两种形式。其中的“公司内的团体活动”是根据员工的特点，将员工分成了更小的团体。团体小可使参加者更加随意、亲近地接触，这对于培养员工的团队意识是很有帮助的。一个人可以根据各种角色身份参加不同的团体聚会。通过参加这些聚会，既开展了社交活动，又有了互相谈心的机会。为了使这种聚会方便开展，公司建造了体育馆、集会大厅、会议室、小房间等设施，供员工自由使用。公司对聚会活动不插手，也不限制。职工用个人的会费成立这种团体，领导人是互选的，并且采取轮换制，所以每一个人都有当一次领导人来“发挥能力”的机会。这些聚会都有一个共同的条件，就是把这些聚会作为会员相互之间沟通亲睦、自我启发、有效地利用业余时间与不同职务的会员相互交流的场所。

丰田公司为了让新参加工作的职工熟悉新环境，曾提出了“热情欢迎新职工”的课题，在这方面，采取了“个人接触”的形式。这种形式的做法是，选出一位前辈，把他确定为新参加工作的职工的“专职前辈”。这位前辈担负着对新晋职工所有事情的指导工作，这种做法产生了很好的效果，专职前辈的任职期一般为6个月。在工作上、生活上、车间里，专职前辈都给以指导和照顾，对人际关系、上下级关系给以协调。公司方面把这个“前辈”的做法加以制度化。此外，还有“领导个人接触”的制度。

这是对工长、组长、班长施行“协助者”的教育，是一种进行“商谈”的训练。丰田的管理阶层和骨干很能干，也是因为他们经过这样多方面锻炼的缘故。他们掌握了系统的技术知识，又在车间有了人事管理的经验。

另外，丰田还采用“故乡通信”的做法，即班、组长每月轮流给新职工的家寄信。进公司的第一个月，由组织写信和寄小组照片、寄丰田画报和丰田报。如何使这股团队亲情不断、不倦地持续下去？这是丰田领导者一直在思考的问题。这个问题不是单纯的福利保健活动，而是要作为企业长远的精神建设方面的问题对待，他们正为开展更加多种多样的活动而苦思冥想。1970 年以后，丰田公司内 20 岁以下的职工占到 50%，他们的思想意识、价值观念和欲望的变化层出不穷。为这些人创造出一个使他们满足而“有吸引力的工作环境”，是很不容易的事情。然而，公司不断地进行积极的努力，继续创造能培养“生存的意义和干劲”的土壤。丰田公司的企业文化与人力资源管理的结合，创造了丰田文化，同时也创造了丰田公司的工业奇迹。

第四章

定位——企业的跑道与方向

定位定天下，企业文化首先应有明确的价值观定位。核心价值观就是“一个企业本质的和持久的一整套原则”。它既不能混同于特定的企业文化或经营实务，也不能屈从于企业的财务收益和短期目标。相反，核心价值观必须深深根植于企业内部，毫无疑问地成为引领企业进行一切经营活动的指导性原则，其重要性甚至要超越企业的战略目标。

加工提炼——企业文化定位的内容

早晨，当你吃过早餐，抬腿走出家门的时刻，你一定知道今天你要到哪儿去，去干什么。否则，你是不会出门的。要是没事的话你不可能出去，在家里待着多好，有吃有喝还不用风吹日晒。当然，一旦抬腿出门了，你今天肯定有事要做，做什么事，在你的头脑中一定会有个清晰的计划或方案。这就是你今天出行的定位。

对一个人来说，尚且如此，对一家企业来说，更得需要为自己的文化定位。企业文化定位是企业在一定的社会经济文化背景下，根据企业的发展历程、发展战略、人员构成、目前管理方面需要解决的突出问题等现状进行调查研究，对企业文化中的某些要素进行重点培植和设计，使之在公众或竞争者心中留有深刻印象，从而树立起具有自身独特个性、有别于其他企业的独特形象和位置的企业战略活动，是塑造企业文化的首要一环。

企业文化定位大体包括三个方面的内容：

一是调查研究影响企业文化的外部因素和内部因素，如社会经济文化背景、企业经营目标、价值观等，以确认企业文化建设的优势和特点所在。

二是选择自己最具特色的或比较有个性特点的文化要素加以重点培育和规划、设计，并确定适当的企业文化定位战略。

三是选择恰当的方式，把企业文化定位的观念或要素融入员工的思想中，并准确地传播给社会公众。这些观念（要素）既可以是物质方面的，又可以是心理或精神方面的，也可以是行为方面的，或者可以几个方面兼而有之。例如，日本丰田公司以“生产优良产品，提高质量声誉”和“既要造车，又要造人”的经营方式和经营理念，确立了其在世界汽车制造行业中的位置；美国 IBM 公司以“IBM 就是服务”的经营原则和基本信念，赢得了全世界消费者和客户的信赖，并成为现代高科技企业的成功典范；我国的同仁堂中成药以“数百年老店、货真价实、童叟无欺”驰名于全国各地乃至全世界华人侨胞所在地。

高度关注企业文化的生成定位。所谓生成定位是指要弄清企业文化是怎样生成（或产生）的及其发源于何处的问题。任何社会组织的建立都需要有明确的目标，没有目标社会组织的建立就无从谈起。一个企业在建立之初，作为企业的创立者和经营者对于企业的经营理念、企业品牌、企业形象、规章制度、企业愿景、管理理念、领导方式、内部沟通方式以及员工的行为规范都应当有缜密的考虑和安排，而这种从思考到落实的过程实际上也是企业文化的生成定位过程。

企业家应明确地认识到，企业文化与企业实体是共生的，如影随形，与生俱来，不是企业的身外物，更不是可有可无的东西。企业组织生产经营的过程，就是建立企业文化的认同过程。那么企业在企业文化的生成定位上应当关注哪些内容呢？价值观念、精神境界、理想追求被称为企业文化中的“种子要素”“中心要素”，它们决定着企业文化的内容和方向。整个企业文化的生成，就是价值观念、精神境界、理想追求的发育与成熟，就是它们的展开与实现。因此，企业主在围绕目标实现而确立的企业运行方式中必须采用恰当的方式融入这些要素，生成具有自身特色的企业文化，并使这种文化深入每一个员工的内心深处以增强他们的认同感、责任感，进而促进组织目标的实现。

紧紧把握企业文化的功能定位。功能定位，是认识企业文化能够起到什么作用或解决什么问题。中粮集团董事长宁高宁曾经有过这样精辟的阐述：“企业文化首先是一种无形的，不是写在纸上的行为规范。对企业而言，对企业文化的投入是一种低成本、高回报的行为，它的激励作用将是非常持久的。”企业文化是企业员工共同的精神家园。在这个精神家园里，企业员工可以获得安全感、归属感和满足感，并进一步寄托自己的理想、

信念和精神及物质的追求。企业文化在提高企业对员工的凝聚力、员工对企业的忠诚度及升华员工与企业甘苦与共的精神境界等方面发挥着不可替代的作用。企业文化又是企业主实现自己价值追求的利器。企业主最基本的价值追求是获取利润，而企业文化在凝聚人心和激发员工活力等方面所起的作用恰恰有助于企业主实现这一价值追求。至于企业主更高的价值追求，如为社会提供高效、优质服务，或者创建民族品牌等，就更要靠企业文化在激活员工的创新意识和创造能力等方面所起的作用了。

科学确立企业文化的发展定位。所谓发展定位，就是认清企业文化的前景问题。建设企业文化是应对市场竞争的权宜之计，还是支撑企业永立不败之地的根本对策？企业主一定要认识到，本企业的企业文化发展前景，实际上取决于企业主自身对企业文化功能的坚定信念。我们如果从总体上思考，可以认为企业文化是中小企业的立业之基、活力之源及灵魂之所依。作为立业之基的企业文化，主要通过其凝聚功能来实现。作为活力之源的企业文化，主要通过其导向功能来实现。作为灵魂之所依的企业文化，主要通过其价值功能来实现。它们都被一个基本的文化精神所决定，那就是以人为本的科学发展观。在当代，科学发展观是渗透于各种企业文化的最基本的文化精神。培育具有自身特色的企业文化，也就是在企业的经营管理过程中，结合本企业的具体实际贯彻和落实以人为本的科学发展观。因此，我们对企业文化定位的认识，实际上也是对以人为本的科学发展观的坚定信念。

定位依据——企业文化定位的基本着眼点

谈到企业文化的定位，一般有四个着眼点。

1. 着眼于企业所在行业特征进行文化定位

不同的行业，体现出不同的经营环境和经营特点。这种差别正是进行企业文化定位的着力点和着眼点。例如制造业与销售业会反映出两种截然不同的经营取向和从业行为：制造业通常强调的是物质手段，如技术与品质等“硬”的方面的要求，而销售业则偏重于服务与公共关系等“软”的方面；在经营哲学上，制造商倡导精益求精、严谨务实、一丝不苟的理念和工作态度，而销售商则推崇察言观色、投其所好的技巧；在管理上，制造商推行的是严格控制，而销售商则力求灵活机动；在用人上，制造商要求的是技术精湛、操作熟练、专业知识丰富的人才，而销售商则希望获得头脑灵活、了解顾客心理、懂得推销策略的人才。企业文化定位必须着眼于这些由于行业属性不同而带来的若干差别，并加以筛选和设计，从而制定出符合其行业特征的企业文化建设思路和基本框架。

2. 着眼于人力资本进行文化定位

随着社会的发展、技术的进步，特别是由于劳动者素质的提高，劳动者在企业中已不再是作为一个普通的劳动者，而是作为人力资本发挥着越来越重要的作用，特别是在股份制企业中，人力资本的作用显得尤为突出。

在以业主制为主导的时代，企业文化主要定位于资本所有者，体现的是“资本雇佣劳动”的价值观。而在企业制度已逐步转变为以股份制占主导地位的今天，企业人力资本所有者（经营者和员工）与资本所有者（股东）在企业中的地位已发生了重大变化，企业文化也要作出相应的变化，以体现出劳动者所希望的“民主、平等、自由”的价值观。在股份制企业中，由于所有权和经营权的分离，资本对企业的影响越来越小，而人力资本对企业的影响越来越大，甚至起着决定性的作用。伴随着人力资本逐步分享企业的剩余索取权和剩余控制权，资本所有者所要求的文化与劳动者（人力资本所有者）的文化的一致性提高，将会促进企业的发展。但是，如果企业文化仍然停留在业主制文化阶段，忽视人力资本的作用，那么即使新的企业制度代表了生产力的发展方向，这种企业文化也会极大地阻碍

其发展速度。所以，现代企业文化的定位应以人为其载体。华为的“全员持股制度”就很好地诠释了其“以人为本”的企业文化，这样的企业文化也为华为带来了实质性的经济回报。

3. 着眼于企业的个性特征进行文化定位

任何企业都是共性与个性的统一，共性是企业生存的基础，个性则是企业发展的本源。在竞争激烈的市场中，企业个性的强弱决定了企业生命周期的长短，所以任何一个有活力的企业都具有独特鲜明的个性。但是一种个性的形成需要长时间的培养，不是一蹴而就的。然而，长期以来，我国大部分企业总是以某种“一统模式”来构建企业文化，使得企业的个性没有得到长足的发展，久而久之，原来具备独特个性的企业也磨光了棱角，丧失了竞争优势，这是十分可悲的。因此，重视企业个性及其特色的培育和挖掘，成为我国企业文化建设中非常紧迫的任务。而这些都要通过准确的、合理的企业文化定位才能实现。

例如，万宝路（Marlboro）公司就是通过企业个性特点或个性形象进行企业文化定位并取得成功的典型案例。万宝路公司并不是直接向世人展示万宝路香烟，而是借助“万宝路牛仔”的那种英武、威猛、豪迈、粗犷的个性形象，激起了大多数吸烟群体（当然也包括一些非吸烟公众）的强烈反应，在消费者及社会公众中留存下来的强烈印象和“非常”观感，使之在世界香烟市场的占有率一度高达30%。其文化定位的成功，就在于该公司没有仿效其他香烟公司的做法，而将企业文化的视角选择并“聚焦”在了一位个性鲜明的“牛仔”身上，靠“他”身上所迸发出来的无穷魅力，赢得了众多男性消费者的青睐。

4. 着眼于消费者文化进行企业文化定位

研究消费者文化、倡导消费者文化的出发点就是要实现人的全面发展，立足点就是要满足人的各方面的需要，着眼点就是要以市场为导向，目的就是要体现企业与市场的一种人性化的结合和良性的互动。因此，通过科学、有效、合理的消费文化来构建企业文化是实现上述根本要求的最佳途径。消费者文化和企业文化在新的经济条件下交流、交会、交融的趋势日益明显，以消费者文化来指导和构建企业文化、组织结构、营销策略、战略管理，甚至是生产运作已成为企业发展的一个重要思路。

企业是否能具备足够的竞争力，在于其是否能不断满足消费者的需求，主要有三个方面的标准：一是能否提供价廉物美的产品；二是能否及时、忠诚地提供上述产品；三是能否愉快地让顾客感受到以上两种价值。当前多数企业的问题就出在第三个标准上。很多企业能够提供好的产品，也很及时、诚信，但就是无法让顾客感到愉悦，无法让顾客感受到超值的满足。这一点，不是一种策略性问题，也不是一种技术性问题，它实质上是一种文化的问题。

最典型的成功案例要数马克思的“共产主义”革命思想在中国进行的创新落地了。李大钊提出了“资产阶级来到人间，每个毛孔里都流着肮脏的血”，老百姓听不懂，失败了。陈独秀提出了“无产阶级在革命中失去的只有枷锁，得到的是整个世界”，老百姓还是听不懂，也失败了。毛泽东上台时说：“打土豪，分田地”，精准地抓住了老百姓关注的核心；“为人民服务”视人民为上帝，取得了全面的胜利！

京东商城成功的原因，“211 限时达”模式便是其核心的竞争力之一，而这种模式的背后是消费者购物时对快速、便捷、安全、可靠文化的诉求。当前，消费者十分重视时间、便捷、可靠、专业、亲善，京东商城正是抓住了这一点，创造了“211 限时达”模式。这一模式再次在电商界掀起了新一轮的物流革命。可以说，着眼于消费者文化来构建企业文化，是形成企业持久竞争优势与实现企业可持续发展的最有效途径。

适合最好——文化定位要契合企业个性

当我们打开电视，收看那些战争片的时候，经常会看到这样的场面：士兵站在大炮旁边，一手举着小旗一边喊："方向430，标尺210，开炮!"这就是给炮弹打到哪里的一个定位。

而我们平常所说的定位跟炮兵开炮是一个道理。定位是指确定某一事物在一定环境中的地位，包括方向、位置、深度、高度、重要程度等。企业文化定位就是企业在战略指导下，为企业文化设定的方向和位置，它彰显了企业文化的个性化特征。

任何企业都是共性和个性的统一，不存在没有共性的个性，也不存在离开个性的共性。个性的归纳就是共性，共性的演绎就是个性。所谓共性，就是指任何企业都是由一定的生产要素构成的，具有相同的性质或者处于同一个行业，生产相同的产品；所谓个性，就是指企业的性格，这种性格是一个企业与其他企业之间的不同之处。

共性的存在说明，对于任何一种企业文化都不能采取"拿来主义"的态度，必须坚持继承、消化、创新、发展的辩证态度。只有这样才能真正建立起适应本企业发展要求的企业文化，并为员工认可和理解，也只有这种企业文化才能为企业的发展起到保驾护航的作用。

基于上面的分析，我们在建设企业文化之初，就应该首先从本企业的个性出发，结合行业共性，做好文化定位工作。

企业文化定位一般用简单的一个字或几个字来表达，或是形象名称，或是内涵名称，但目的都在于能够让人对企业文化的概念有清晰的印象，或者说告诉别人该企业的文化是一种什么样的文化。

我们以海尔的企业文化为例。海尔企业文化是被全体员工认同的企业领导人创新的价值观。海尔文化的核心是创新。它是在海尔20年发展历程中产生和逐渐形成特色的文化体系。海尔文化以观念创新为先导、以战略创新为方向、以组织创新为保障、以技术创新为手段、以市场创新为目标，伴随着海尔从无到有、从小到大、从大到强、从中国走向世界。同时，海尔文化本身也在不断创新、发展。员工的普遍认同、主动参与是海尔文化的最大特色。为了践行创新的文化理念，海尔提出了创新的三个原则和七个方面。

海尔创新的三个原则是：创新的目标是创造有价值的订单；创新的本质是创造性地破坏，破坏所有阻碍创造有价值订单的枷锁；创新的途径是创造性地模仿和借鉴，即借力。

海尔创新的七个方面是：战略创新是方向、观念创新是先导、管理创新是基础、文化创新是动力、技术创新是手段、组织创新是保障、市场创新是目标。

“海尔的每天都是新的。”这正是海尔创新文化导向和践行的结果。

我们再以联想的企业文化为例。联想的企业文化是：我们的成功源自于不懈地帮助客户提高生产力，提升生活品质；为客户利益而努力创新；创造世界最优秀、最具创新性的产品；成就客户——我们致力于每位客户的满意和成功；创业创新——我们追求对客户和公司都至关重要的创新，同时快速而高效地推动其实现。联想致力于发展成为一个行业领导型企业，一个在全球内受人尊重的企业，一个基业长青的企业，为客户、股东、员工和社会创造更多的价值，让世界因联想更美好。

再来看看通用电气公司的企业文化。对不断变革的承诺使得通用一百多年来一直愿意尝试新事物，总愿意进行变革。有成功的事情，但那是过去的成功，通用并不感到满足，而总是从新、从头做起，这就是通用电气对变革的承诺。通用大力对人才进行投入，而且有着良好的、以业绩为主的文化；大胆抓住每个机会，应对每个挑战，不懈地追求更快、更好的发展。这些就是通用电气的文化精髓。

通用电气认为，推动公司不断高速发展的两大法宝，就是其独特的价值观和营运系统。一个公司的文化从一定意义上说是企业家管理理念的集中体现。为了使企业能更具竞争力，能更好地沟通，在“硬件”上，通用电气舵主韦尔奇通过他著名的“数一数二”论来裁减规模，进而构建扁平化结构，重组通用电气；在“软件”上，则尽力试图改变整个企业的文化与员工的思考模式。

韦尔奇谈道：“如果你想让车再快 10 公里，只需要加一加马力；而若想使车速增加一倍，你就必须要更换铁轨了。资产重组可以一时提高公司的生产力，但如果没有文化上的改变，就无法维持高生产力的发展。”韦尔奇在谈到企业领导的“忙碌”“闲话”时说“有人告诉我他一周工作 90 个小时，我会说：‘你完全错了，写下 20 件每周让你忙碌 90 小时的工作，仔细审视后，你将会发现其中至少有 10 项工作是没有意义的——或是可以请人代劳的’。”相比之下，我们就太喜欢“形式”了：赞美“勤奋”而漠视“效率”；追求“数量”而不问“收益”；甚至我们很多单位的工资都只简单地依据所谓“工作量”来制定。“勤奋”对于成功是必要的，但是只有在“做正确的事”与“必须亲自操作”时才有正面意义。我们不妨“勤奋”之前先问问自己：这件事是必须要做，是必须由我自己来做吗？那么在抽出时间与精力后我们该干什么呢？韦尔奇的选择是寻找合适的经理人员并激发他们的工作动机。“有想法的人就是英雄。我主要的工作是去发掘出一些很棒的想法，扩张它们，并且以光速将它们扩展到企业的每个角落。我坚信自己的工作是一手拿着水罐，一手拿着化学肥料，让所有的事情变得枝繁叶茂。”

信心信念——企业理念的本质与内涵

企业文化就是在一个组织里，被大家认可的做人做事的准则，它由企业的物质文化、制度行为文化和精神文化构成。企业的精神文化是企业文化的核心内容，是企业物质文化、制度行为文化的升华，而企业理念，又是企业精神文化的高度浓缩。因此，对企业理念内在的准确把握，是企业文化建设的关键。

一个企业的成功取决于很多因素，但确定一个坚定不移的核心信念，却是任何成功的企业都不可或缺的要素。一个企业的信念不单是领导者的信念，而更应是企业所有员工的共同信念。凭借企业的核心信念或核心理念，来自五湖四海的有识之士才会真正走到一起，凝聚成为一个整体，一个团队，才会迸发出无穷的智慧和力量。遇到挫折，才会骁勇善战；遇到风浪，才会坚如磐石；遇到喝彩，才会心脑俱清；遇到诱惑，才会心静如水；遇到矛盾，才会处之泰然。

例如，IBM（国际商用机器公司）是一个有明确原则和坚定信念的公司。这些原则和信念似乎很简单，很平常，但正是这些简单、平常的原则和信念构成了 IBM 特有的企业文化。IBM 拥有 40 多万名员工，年营业额超过 500 亿美元，几乎在全球各国都有分公司，其分布之广，莫不让人惊叹不已，其成就莫不令人向往。若要了解一个企业，你必须要了解它的经营观念。许多人不易理解，为何像 IBM 这么庞大的公司会具有人性化的性格，但正是这些人性化的性格，才促使 IBM 取得不可思议的成就。

老托马斯·沃森在 1914 年创办 IBM 公司时设立过“行为准则”。正如每一位有野心的企业家一样，他希望他的公司财源滚滚，同时也希望能借此反映出他个人的价值观。因此，他把这些价值观标准写出来，作为公司的基石，任何为他工作的人，都明白公司要求的是什么。

再比如，香港中堂国际集团公司认为：志在成功，方能成功。树立必胜的信念，是我们正确认识自己，走向成功的力量之源。正确认识自己，不断激发自己的潜力。激发自己潜力的第一步是树立目标和信念。失去了目标就意味着失去了前进的方向，同时也失去了积极的心态和不达目的绝

不罢休的精神。

在获得“中国企业未来之星”“2008 年中国最具投资价值企业 50 强”“年度商业模式 10 强”“2009 年度网民最喜爱的网上购物商城”“2009 年中国最具投资价值企业 50 强”“2010 年德勤高科技高增长中国 50 强”“2011 年最具信赖的电子商务网站”“2011 年中国企业成长百强榜”“2011 年度世界最佳纯网络零售商奖”,其董事局主席兼首席执行官刘强东（创始人）被评选为“2011 中国年度经济人物”等一系列殊荣之后的京东商城，在 2013 年里，其企业文化最为显著的变化就是把较为具体、明确的目标改为更加长远的愿景“成为全球最值得信赖的企业”。京东原来的目标“做中国最大、全球前五强的电子商务公司”，看起来更像是针对其最强大的竞争对手阿里巴巴的，因为目前“中国最大”的就是阿里巴巴。京东过去十多年的发展历程是一个不断超越“巨人”的过程，从自主式 B2C 的当当、卓越到传统零售巨头国美、苏宁，京东的低成本、高效率搅动了原有的行业利益格局，在行业内成了众矢之的。而对于阿里巴巴，刘强东在内部邮件中坦言：“不得不承认，淘宝现在做得比我们好，但是京东最不缺的就是超越，京东人最不怕的就是行业巨头。”

近年来，阿里巴巴进行了一系列大手笔的投资和收购，企图从移动互联网领域拉大和竞争对手的距离，比如入股新浪微博和高德地图等。2013 年 5 月 28 日，卸任后的马云又出来搞起了“菜鸟网络”，火药味十足，是针对谁的大家都知道。而京东目前正处于“休养生息”阶段，没有太多的精力去大规模地投资和收购新的公司和业务，对于竞争对手的挑衅一概“不予理睬”。对于阿里巴巴这个交易额超过亚马逊和 eBay 总和的庞然大物来说，短期内暂时还无法轻易地超越，所以从一个以竞争对手为导向的目标，转变成一个以客户为导向的长期的愿景无疑是一个明智的选择，因为是“全球客户的信赖”而不是“竞争对手”，这就决定着企业的未来，而唯有诚信才能取得客户的信赖。这一点，京东深信不疑。

树立必胜的信念，是我们在具备夺取胜利的能力基础上，实现腾飞的翅膀。信心来自于能力，一个人或者一个团队在完成任务之前，既要有完成任务的能力，也必须要有完成任务的信心。

树立必胜的信念，是我们深化“进步的、创新的、具有亲和力的”文化内涵的需要。积极践行“进步的、创新的、具有亲和力的”企业文化是我们加强自身修养，有利于促进我们个人的进步成长。树立必胜的信念，提炼和践行“信心文化”，是我们积极应对外部风云变幻的积极态度，全面健康成长的需要。

坚定的信念来自于必胜的信心，必胜的信心建立在以下条件之上：①不断发展完善的科学运营机制、管理体系；②日益积蓄的产品与服务创新能力；③对市场发展变化的预测、把握和适应能力；④客户服务体系的日趋完善和服务质量的不断提高；⑤学习型团队的形成；⑥员工培训制度化和潜能的不断挖掘；⑦不断拓展新辟的业务平台等。同样，这种信心也不仅是领导者的信心，更是整体团队的信心，是广大客户对企业的信心，也是安全产业发展给社会带来的信心。

价值取向——企业价值观的本质与内涵

企业文化作为企业的灵魂和精神支柱，是企业管理科学理论与管理哲学理论的有机结合。它由精神文化、制度文化和物质文化三个部分组成。企业文化的核心是精神文化，由企业理念集中具体表现出来。一个完整的企业理念体系，主要包括企业宗旨、企业目标、企业战略、企业价值观、企业精神、企业伦理、企业哲学等。企业理念的内涵虽然如此丰富，但我认为，企业文化理念其实质是以哲学的方法系统、理性和实际地回答企业为什么存在、怎么存在等一系列具体问题。比如，毛泽东把为什么革命就说得很清楚——“打土豪，分田地”，革命是为了什么——“为人民服务”。

企业价值观是企业文化的内核，它有着为企业的生存与发展提供精神支柱；决定企业的基本特性和发展方向；对企业及员工行为起到导向和规范作用及激励员工发挥潜能、增强企业合力四个基本功能。

价值观是驱使人们行为的内在动力，通常在选择、评价等行为的过程中表现出来。价值观的定义众多繁杂，简单来说就是一个人对周围客观事物的意义以及重要性的总评价和总看法，是个人的信念、行事标准及对不同事物的选择准则。价值观是由学习而获得的概念，反映出个人在内隐和外显上真正要的是什么。

价值观和价值观体系分为日常的价值观念和哲学的价值观念两个层次，前者是人们在世俗生活中自发形成的观念，后者则是理论化、系统化的观念体系。企业价值观属于后者，它从企业诞生那天起就开始形成并存在了，组成企业的各类人员带来了不同的日常个人价值观念。

如果说，企业文化的本质是企业倡导的内在的共同价值观，就是“人们提倡什么、反对什么、弘扬什么、抑制什么”，那么，其外在表现就是知行合一的行为方式、做事习惯和做事风格。因此，企业文化的核心规则就是诚信，而不是说一套、做一套的潜规则。

成功企业的背后是对诚信精神的坚持。

例如，除了前面提到的阿里巴巴集团对“招财进宝”的召回，这次咱们看看同仁堂这块金字招牌，之所以三百多年不倒，正是因为它有“品位虽贵必不敢减物力，炮制虽繁必不敢省人工”的古训和“修合无人同见，存心有天知”的信条。美国通用电气公司原首席执行官韦尔奇说：“我们没有警察，没有监狱。我们必须依靠我们员工的诚信，这是我们的第一防线。”显然，一个社会，伦理道德可以没有上限，但绝不能没有底线。企业如果没有了诚信这一道德底线，也就失去了未来发展的基础。

有什么样的价值观就有什么样的企业文化。发生于2010年的“三鹿奶粉”事件，触发了奶制品行业的危机，同时，也引起了全世界的广泛关注。“三鹿奶粉”这一行业丑闻，不仅仅是一个产品质量问题，而且是一个企业的诚信文化问题。从表象上看，三鹿公司倡导的价值观是“诚信、和谐、创新、责任”，其中，特别强调“诚是立身之本、信是兴业之本”。诚信是三鹿的基本准则，也是三鹿人的基本信念和处世态度。但从现实情况看，“三鹿事件”恰恰背离了这些价值观，暴露出的却是一种潜规则，虽然有诚信的承诺文本，但没有诚信的行为。其实，如何面对自己提出的价值观，实践行为本身就是一个诚信问题，更是每一个企业必须应对的文化问题。从此意义上讲，诚信体现了企业文化的“本质”内涵。

企业价值观，是企业在追求卓越过程中所推崇的基本信念和奉行的终极目标，使全体或绝大多数员工，特别是管理干部一致赞同的关于企业意义的终极判断，即企业到底为了什么而存在。从这个意义上讲，企业价值观是长期积淀的产物，是把所有员工联系在一起的纽带，是全体成员的精神支柱、行为准则和动力源泉。它是形成企业哲学和企业精神的思想基础，是凝聚全体员工的黏合剂，它为企业员工提供生动的、实在的生活和工作的意义，对企业调动员工的积极性、主动性和创造性具有至关重要的意义。企业价值观是企业生存和发展的内在因素，决定了企业的行为和企业发展方向的选择。

我们必须清楚，核心价值观就是企业在经营过程中，坚持不懈努力使全体员工都必须尊奉的信条。核心价值观是企业哲学的重要组成部分，它是解决企业在发展中如何处理内外矛盾的一系列准则，如企业对国家、对股东、对市场、对客户、对员工等的看法或态度；它是企业表明自身如何生存的主张，它的导向动机更广泛、更激烈、更持久。更为重要的是，它有助于形成和发展企业区别于其他企业的独特个性。

我们必须清楚，核心价值观就是“一个企业本质的和持久的一整套原则”。它既不能混同于特定企业文化或经营实务，也不能屈从于企业的财务收益和短期目标。相反，核心价值观必须深深根植于企业内部，毫无疑

问地成为引领企业进行一切经营活动的指导性原则，其重要性甚至要超越企业的战略目标。

哲学定位——企业使命的本质与内涵

企业使命是企业文化理念体系建设的根本出发点。企业使命从本质上回答了企业生存和发展的根本问题，在思维上要求企业弄清“企业因何存在”“企业到底该做什么”，进而明确“企业的活动范围是什么”“企业的发展方向怎样”“企业的未来会发展成什么样”等问题。因此，企业愿景、行为准则等的确立，都应当以企业使命为基础和根本出发点，围绕企业在社会进步和经济发展中所担当的角色和责任来确立企业在发展过程中应当坚持什么原则、朝哪个方向发展。

企业使命明确了企业存在的意义，是企业一切行动的原动力，它贯穿于整个企业活动的始终，而价值观则是企业或企业成员的一种思维方式和行为方式。因此，在企业发展过程中，企业使命起着“统领”企业发展的作用。

以索尼为例，该公司是一家全球知名的综合性跨国企业集团。索尼是世界视听、通信产品和信息技术等领域的先导者，是世界最早便携式数码产品的开创者，是世界最大的电子产品制造商之一。进入21世纪，索尼品牌在电子业务上呈现弱势，但索尼并没有因为消费性电子业务低迷而失去消费者的青睐，在“2005年亚洲1000名最佳品牌”中，索尼第二年蝉联第一品牌。在2006年7月12日发布的调查中显示，索尼第七年蝉联美国第一最佳知名品牌。2010年亚洲品牌500强，索尼位列第一。

索尼的历史中也有失败的时刻。1989年索尼斥资48亿美元，对哥伦比亚电影公司、哥伦比亚图文电视公司、三星电影公司和三星在全国的180个地方的820家电影院进行并购。哥伦比亚每股市场价格年初时12美元，并购时为 21 美元，可索尼出价每股 27 美元。疯狂地翻倍！1994 年 11 月 17 日索尼在季度财务报告中宣布，公司在哥伦比亚电影公司的投资资产账面额减少了 27 亿美元。这个亏损额是历史上日本公司公布的亏损之最。

1985 年至 1990 年期间，日元对美元汇率前所未有地攀升，使日本人的购买狂潮席卷了美国领土的深处。美国公众的反日情绪在其经营管理中一直起着很强的制约作用，引发了若干莫须有的诉讼，而索尼一味花钱了事，甚至一味迁就不太称职的美国管理团队，由此形成巨亏。而且，索尼还专门作出过保证，电影公司将完全作为一个美国公司来运作。这一说法在当时的含义就是聘请的美国人享有充分的自主权负责经营管理。由此，管理团队拿着美国公司的薪金，却从来没有按着美国公司的绩效考核制度来行事。美国管理团队巧妙地利用了来自媒体的威慑，使索尼吃尽了苦头。

企业的使命决定了企业不能见钱就赚。但很多公司领导者整天忙于日常管理事务的细枝末节上，而对公司使命的思考和确定却不太重视。在企业家面临诱惑的时候，很多企业家由于没有一直坚持企业的使命，而使企业失去了发展的方向。

在房地产市场如火如荼的时候，以纺织、家电、模具等传统产业起家的宁波制造企业老板经受不住这种短期的诱惑，都去做房地产，开始跟风“卖房子”。然而，多数企业在“借东风”后才发现，进入的时机已经晚了，房地产的竞争并不比制造业小。从现在的局面来看，这些制造企业搭上房地产开发，基本都做不大。大部分公司都在进入房地产开发后，没有能力通过“招拍挂”程序去和专业的房地产公司竞争，往往手中的项目做完之后就不了了之。有宁波老板表示：做过房地产就不想做纺织，来钱快让他们一度失去了方向。但唯一成功的一单只是昙花一现，他发现，拍地、拿地、推项目，房地产开发和制造业一样，成功也不是偶然的。

要明确企业的根本使命，这就要从它的目标开始。在复杂多变、竞争

激烈的市场环境中，企业使命能够指导企业把握好发展方向的大政方针，是企业持续、稳步发展的不可或缺的保证。做房地产能赚钱，这些宁波制造企业老板经受不住这种短期的诱惑，就去做房地产，结果赚了大钱却忘了企业的长远目标，从而也失去了企业的可持续发展。

此外，使命是随着企业的逐渐成熟而日渐明确起来的。对使命的阐述与企业的规模和发展阶段直接相关：对于初创的企业或规模较小的企业，企业的领导者往往就是所有者，企业的使命往往是隐性的，还没有真正浮现出来，很难有能指引企业长远发展的使命阐述；而当企业进入较为成熟的阶段或规模逐渐扩大的时候，这时候使命的明确就是必要的。

企业的使命定义了企业的本质，它表明了企业要完成的责任，从而真实反映了企业存在的理由，为企业的存在烙上一个独特的印记，为企业的持续发展指明方向。

立场信仰——企业愿景的本质与内涵

企业愿景，是指企业战略家对企业前景和发展方向一个高度概括的描述，由企业核心理念、核心价值观、核心目的和对未来10～30年的远大目标和对目标的生动描述组成。

所谓愿景，由组织内部的成员所制订，经团队讨论，获得组织一致的共识，形成大家愿意全力以赴的未来方向。所谓愿景管理，就是结合个人价值观与组织目的，透过开发愿景、瞄准愿景、落实愿景的三部曲，建立团队，迈向组织成功，促使组织力量极大化发挥。

愿景形成后，组织负责人应向内部成员做简单、扼要且明确的陈述，以激发内部士气，并落实为组织目标和行动方案，具体推动。

一般而言，企业愿景大都具有前瞻性的计划或开创性的目标，作为企业发展的指引方针。在西方的管理论著中，许多杰出的企业大多具有一个特点，就是强调企业愿景的重要性，因为唯有借重愿景，才能有效地培育与鼓舞组织内部所有人，激发个人潜能，激励员工竭尽所能，增加组织生产力，达到顾客满意度的目标。

企业的愿景不只专属于企业负责人所有，企业内部每位成员都应参与构思制订愿景与沟通共识，透过制订愿景的过程，可使得愿景更有价值，企业更有竞争力。

企业愿景是企业战略发展的重要组成部分。顾名思义，企业愿景是指根据企业现有阶段经营与管理发展的需要，对企业未来发展方向的一种期望、一种预测、一种定位。在企业愿景的指导下，通过市场的效应，及时有效地整合企业内外信息渠道和资源渠道，以此来规划和制定企业未来的发展方向、企业的核心价值、企业的原则、企业的精神、企业的信条等抽象的观念或姿态，以及企业的使命、存在意义、经营方针、事业领域、核心竞争力、行为方针、执行力度等细微性的工作，从而让企业的全体员工及时有效地通晓企业愿景赋予的使命和责任，使企业在计划—实行—评价—反馈的循环过程中，不断地增强自身解决问题的力度和强度。

一般来讲，企业的愿景通常包含四个方面的内容：使整个人类社会受惠受益，如有些企业的愿景就表达出企业的存在就是要为社会创造某种价值；实现企业的繁荣昌盛，如美国航空公司提出要做“全球的领导者”，这就是谋求企业的繁荣昌盛；员工能够敬业乐业；使客户心满意足。客户满意是企业最基础的愿景，因为客户是企业成功最重要的因素，如果客户对企业的愿景不能认同，那么企业的愿景也就失去了意义。

企业愿景是企业未来的目标、存在的意义，也是企业之根本所在。它回答的是企业为什么要存在、对社会有何贡献、它未来的发展是个什么样子等根本性的问题。

企业愿景的设定包括以下两个方面：

1. 企业目的的确认

企业目的就是企业存在的理由，即企业为什么要存在。一般来说，有什么样的企业目的，就有什么样的企业理念。正确的企业目的会产生良好的理念识别，并引导企业的成功；错误的企业目的会产生不良的理念识别，并最终导致企业的失败。

2. 明确企业使命

企业使命和企业宗旨是同义语，是在企业经营理念的指导下，企业为其生产经营活动的方向、性质、责任所下的定义，它是企业经营哲学的具体化，集中反映了企业的任务和目标，表达了企业的社会态度和行为准则。

现代企业的最高使命是其应该具有的社会责任感，要求企业不仅考虑到自身的利益，而且能够承担起自己的社会责任。概括起来说，企业的社会责任，是企业对各种不同的社会利益集团和群体所承担的道义上的责任。

例如，日本松下电器的创始人松下幸之助曾经讲到，中层经理一旦进入松下，就会被告知松下未来 20 年的愿景是什么。首先，告诉他松下是一个有愿景的企业；其次，给这些人以信心；最后，使他们能够根据整个企业未来的发展，制定自己的生涯规划，使个人生涯规划立足于企业的发展愿景。

海尔的企业愿景是“创中国的世界名牌，为民族争光”。蒙牛乳业倡导“市民健康一杯奶，农民致富一家人”。蒙牛牛根生常讲，蒙牛的衣食父母是“三民”，即，市民、农民、股民，市民饮奶，农民供奶，股民投资奶。而其中的农民是蒙牛“三民情结”中最敏感的一环。蒙牛以解决三农问题为己任，不懈打造“奶源圈”。蒙牛给自己的使命是“百年蒙牛，强乳兴农”“愿每一个中国人身心健康”。时至今日，蒙牛已与产品市场的亿万公民、资本市场的千万股民、原料市场的两百万奶农，以及数十万生产销售大军，结成了命运共同体，被誉为“西部大开发以来中国最大的造饭碗企业”。蒙牛成立以来，带动了周边奶农新增奶牛 80 万头，成为农民致富的带头人。这种企业愿景使命的确立，对蒙牛创造 5 年增长 200 倍的奇迹，起了关键的作用。一个企业，当把企业愿景与社会责任结合到一起的时候，要让企业的社会责任感及善行让大众知道。

境界追求——企业精神的本质与内涵

企业精神是企业文化的一项重要而复杂的内容，人们对它的认识并不完全一致，有人认为它是企业全部的精神现象和精神活力，有人把它同企业价值观念等同起来。这些认识都没有抓住企业精神的实质。所谓企业精神，主要是指企业经营管理的指导思想。

企业精神是现代意识与企业个性相结合的一种群体意识。每个企业都有各具特色的企业精神，它往往以简洁而富有哲理的语言形式加以概括，通常通过厂歌、厂训、厂规、厂徽等形式形象地表达出来。一般地说，企业精神是企业全体或多数员工共同认可，彼此共鸣的内心态度、意志状况和思想境界。它可以激发企业员工的积极性，增强企业的活力。企业精神作为企业内部员工群体心理定式的主导意识，是企业经营宗旨、价值准则、管理信条的集中体现，构成企业文化的基石。

企业精神是现代意识与企业个性结合的一种群体意识。“现代意识”是现代社会意识、市场意识、质量意识、信念意识、效益意识、文明意识、道德意识等汇集而成的一种综合意识。“企业个性”包括企业的价值观念、发展目标、服务方针和经营特色等基本性质。

企业精神反映企业的特点，它与生产经营不可分割。企业精神不仅能反映与企业生产经营密切相关的本质特征，而且鲜明地显示企业的经营宗旨和发展方向。它还能较深刻地反映企业的个性特征并发挥它在管理上的

影响，起到促进企业发展的作用。

企业精神一旦形成群体心理定式，既可以通过明确的意识支配行为，也可以通过潜意识产生行为，还可以通过潜意识产生行为。其信念化的结果，会大大提高员工主动承担责任和修正个人行为的自觉性，从而主动地关注企业的前途，维护企业声誉，为企业贡献自己的全部力量。

企业精神，是企业职工现代意识与企业个性相结合的一种群体意识。它的基本内涵至少反映了三个方面：一是表象意识。每个企业的企业精神，都是根据企业各自特色而概括和提炼的，通常都以厂歌、厂训、厂规、厂徽等形式加以表达出来，具有明显的表象意识。二是主导意识。企业精神一旦形成，就成为主导企业内部员工群体心理定式及其行为的意识，是企业经营、企业发展的精神基石，具有很强的主导意识。三是向心意识。从一定意义上说，好的企业精神犹如一个巨大的磁场，它可以将企业各方面的力量都集中到企业的改革、稳定和发展上来，同时又渗透于企业各个环节中，给人以鼓励、鞭策和荣誉，也给人以约束。简而言之，现代企业精神是现代企业文化建设中最本质的内容，它反映着现代企业的精神风貌、竞争态势、进取意识和创新精神，既是团结企业内部员工的凝聚力，又是对外竞争表现的影响力，是企业之魂、事业之根、精神之柱。

从现代企业精神的形成以及企业运行过程可以发现，现代企业精神应具备以下三个基本特征。

一是时代性。在计划经济时代，企业精神具有相对的稳定性。但时代在变化，社会在发展，企业精神也要随着企业的发展而不断发展。尤其是在市场经济条件下，企业员工观念的更新、技术的飞跃，乃至企业的重组，都要求企业紧跟时代的步伐，作出与时代相适应的反应，赋予企业精神时代特色，使企业精神不断完善、提升。只有这样，企业精神才能与时俱进，才能使企业员工始终保持蓬勃的朝气、昂扬的锐气和浩然的正气。

湖南电信有限公司根据时代的需要而提出的“十大企业文化理念”，已经成为湖南电信每个员工的精神力量。这就是生动的例证。

二是竞争性。市场经济的突出特点就是竞争。既然是竞争，就不能墨守成规，就要敢于面对竞争，参与竞争，就要在竞争的浪潮中拿出绝招来战胜对手，否则就可能导致失败。在市场经济条件下，提出竞争性的企业精神尤为重要。湖南省长线局要求员工树立“特别能吃苦、特别能战斗、特别能奉献”的“三特”思想品质和“敢为人先、敢于亮剑、敢于拼搏”的“三敢”精神，就是极富竞争性的理念和精神。也正是由于这种竞争性的理念和精神。才使得湖南长线一直保持良好的持续稳定发展的势头。

三是人文性。人是发展的目的，人的价值高于一切。现代企业活力的真正源泉，不在于物质而在于人。办企业是为了人，既为了客户，也为了员工。在当今社会，人力资源或是客户资源已经成为企业竞争力的根本来源。因此，现在有许多企业在打造和提炼企业精神上，时时体现以人为本的人文性，并以此来赢得客户、赢得员工的信赖。湖南电信对客户和员工提出的“用户至上、用心服务”“求实求新、尽善尽美”的企业理念，既对客户给予了充分的人文关怀，又对内部员工提出了明确要求，取得了“双赢”效果。这充分体现了企业精神的人文性。

企业精神的特殊内涵决定了它具有个性和共性特征。企业精神的个体特征是指每一个企业都有自己独特的企业精神，由于企业哲学、价值观念、行为准则、道德规范的不同，企业精神也必然各有特点。企业精神的共性特征是指企业精神对企业全体职工信念和追求的高度概括，同时又使这种共同信念和追求根植于每个职工的心中，从而产生共同的思想和行为。个性和共性特征是企业精神最本质的特征，是对企业精神认识的起点。

IBM：电脑帝国的企业文化

IBM（国际商用机器公司）是有明确原则和坚定信念的公司。这些原则和信念似乎很简单，很平常，但正是这些简单、平常的原则和信念构成了 IBM 特有的企业文化。

许多人不易理解，为何像 IBM 这么庞大的公司会具有人性化的性格？以下正是老托马斯·沃森在 1914 年创办 IBM 公司时设立的行为准则。

第一条，必须尊重个人。

任何人都不能违反这一准则，至少，没有人会承认他不尊重个人。

自从 IBM 公司创业以来，公司就有一套完备的人事运用传统，直到今天依然不变。拥有 40 多万名员工的今日与只有数百名员工的昔日，完全一样。每一位有能力的员工都有一份有意义的工作。在将近 50 年的时间里，没有一位正规聘用的员工因为裁员而失去 1 小时的工作。IBM 公司和其他企业一样也曾有遭受不景气的时候，但 IBM 都能很好地计划并安排所有员工不致失业。也许 IBM 成功的安排方式是再培训，而后调整新工作。例如在 1969—1972 年经济大萧条时，有 1.2 万名 IBM 的员工由萧条的生产工厂、实验室、总部调整到需要他们的地方，有 5000 名员工接受再培训后从事销售工作、设备维修、外勤、行政与企划工作。大部分人反而因此调到了一个更加满意的岗位。

有能力的员工应该给予具有挑战性的工作，让他们回到家中时，能回想一下他们做了哪些有价值的事，让他们工作时能够体会到公司对他们的关怀，都愿意为公司的成长贡献一技之长。IBM 公司晋升时永远在自己公司员工中挑选。如果一有空缺就从外界找人来担任，那么对那些有干劲的员工是一种打击，会让他们深受挫折、意志消沉。IBM 公司有许多方法让员工知道，每一个人都可使公司变成不同的样子，在纽约州阿蒙克的 IBM 公司里，任何一间办公室里、任何一张桌子上都没有头衔字样，洗手间也没有写着什么主管使用，停车场也没有为主管预留位置，也没有主管专用餐厅。总而言之，那是一个非常民主的环境，每个人都同样受人尊敬。

IBM 公司的管理人员对公司里每一位员工都必须尊重，同时也希望每一位员工尊重顾客，对同行竞争对象也给予尊重。公司的行为准则规定，任何一位 IBM 的员工都不可诽谤或贬抑竞争对手。销售是靠产品的品质、服务的态度，推销自己产品的长处，不可攻击他人产品的弱点。

第二条，为顾客服务。

老托马斯·沃森所说的要使 IBM 的服务成为全球第一，不仅是在他自己的公司，而且要使每一个销售 IBM 产品的公司也遵循这一原则。他特别训令 IBM 是一个“顾客至上”的公司，也就是 IBM 的一举一动都要以顾客需要为前提。因此，IBM 公司对员工所做的“工作说明”中特别提到要对顾客、未来可能的顾客都要提供最佳的服务。

为了让顾客感觉自己是多么重要，无论顾客有什么问题，一定要在 24 小时之内解决。如果不能立即解决，也会给予一个圆满的答复。如果顾客打电话要求服务，通常都会在 1 小时之内就会派人去服务。此外，IBM 的专家们随时在电话旁等着提供服务或解决软件方面的问题，而且电话费是由公司承担。此外，IBM 还提供邮寄或专人送零件等服务，来增加服务范围。IBM 公司还要求任何一个 IBM 新零件，一定要比原先换下来的好，而且也要比市场上的同级产品好。服务的品质取决于公司对员工的训练及教育，在这方面，IBM 已经在全球所属公司投下了大量的钱财，所提供的训练与教育是其他任何公司无法比拟的。在 IBM 公司，训练员工所花费的时间超过任何一所大学的授课时间。每年，每一位 IBM 的经理都要接受 40 个小时的训练课程，而后回到公司内教导员工。有时，IBM 甚至定期邀请

顾客前来一同上课。经营任何一家企业，一定要有老顾客的反复惠顾才能使企业成长，一定要设法抓住每一位顾客。最优异的顾客服务是能使顾客再来惠顾。

第三条，优异。

IBM 公司挑选员工计划从一开始就注重优异的准则。IBM 公司认为，从全国最好的大学挑选最优秀的学生，让他们接受公司的密集训练课程，必定可以收到良好的教育效果，日后定有优异的工作表现。为了达到优异的水准，他们必须接受优异的训练，使他们有一种使命感，一定要达到成功。IBM 是一个具有高度竞争环境的公司，它所创造出来的气氛，可以培养出优异的人才。在 IBM 公司里，同辈竞相争取工作成绩，同时公司不断地强调教育的重要，因此每个人都不自满，都努力争上游。每个人都认为有可能做到的事，就能做得到。这种态度令人振奋。

小托马斯·沃森说："对任何一个公司而言，若要生存并获得成功的话，必须有一套健全的原则，可供全体员工遵循，但最重要的是大家要对此原则产生信心。"

公司内部必须不断地把其信念向员工灌输，在 IBM 的新进入人员训练课程中，就包含了如下课程：公司经营哲学、公司历史及传统。公司的信念与价值观不能仅是空谈而已，至于能否让其在公司里发生作用，那是另外一回事。在公司里，空谈无益，最重要的是运用策略，采取行动，切实执行；衡量效果，重视奖赏，以示决心。

第五章

系统——决定企业文化力量强弱

提升凝聚力的企业文化系统，好比成都大街小巷里四处弥漫着的麻辣味儿，即便是从来不食辣味的游客，都不禁停下来去尝试这传说中的麻辣火锅。系统的力量是巨大的，系统之间相互印证，相互依存，相互促进。企业文化系统化的程度决定企业文化力量的强弱。

系统工程——企业文化建设的基本内容

企业文化建设的基本内容，就是物质层、行为层、制度层和精神层四个层次的文化。

1. 物质层文化

物质层文化是产品和各种物质设施等构成的器物文化，是一种以物质形态加以表现的表层文化。企业生产的产品和提供的服务是企业生产经营的成果，是物质文化的首要内容。其次，企业的生产环境、企业容貌、企业建筑、企业广告、产品包装与设计等也是构成企业物质文化的重要内容。

2. 行为层文化

行为层文化是指员工在生产经营及学习娱乐活动中产生的活动文化，包括企业行为的规范、企业人际关系的规范和公共关系的规范。企业行为包括企业与企业之间、企业与顾客之间、企业与政府之间、企业与社会之间的行为。

3. 制度层文化

制度层文化主要包括企业领导体制、企业组织机构和企业管理制度三个方面。企业制度文化是企业为实现自身目标对员工的行为予以一定限制的文化，它具有共性和强有力的行为规范，规范着企业的每一个人。企业工艺操作流程、厂纪厂规、经济责任制、考核奖惩等都是企业制度文化的内容。

4. 核心层的精神文化

精神层文化是指企业生产经营过程中，受一定的社会文化背景、意识形态影响而长期形成的一种精神成果和文化观念，包括企业精神、企业经营哲学、企业道德、企业价值观念、企业风貌等内容，是企业意识形态的总和。

例如，宝钢集团有限公司和宝山钢铁股份有限公司党群机构采用“一套机构、一套班子、两块牌子”的方式运作，如党委宣传部与企业文化部合署办公。再如，航天科技、中远集团从2001年以来相继正式建立企业文化部（企业文化办公室、企业文化处），作为企业的行政管理部门，与党委宣传部合署办公。企业文化部不仅保留宣传部的职能，而且赋予企业文化的规划、实施的职能和企业对外形象（包括市场广告）宣传的职能。大唐集团公司本部各部门都要参与企业文化建设，系统各单位思想政治工作部设立了相应的企业文化工作机构，以此建立上下贯通，横向互动，各个部门、各个领域共同参与的企业文化组织网络。

海尔集团视企业文化建设为企业发展的战略资源，不仅投入大量资金与人力，而且给予很高的权威。主导企业文化建设的集团文化中心与“规划发展中心”“资产运营中心”“财务中心”“人力资源开发中心”“总裁办”拥有同等的权威。海尔文化中心不仅是企业文化建设的推动机构，更是企业发展战略的推展中心。

海尔人认为，一个企业要提出企业文化理念是相当容易的，而这理念被广大员工认同并成为行动指南则相当困难。为此，必须依靠文化中心将理念的抽象化东西变成可仿效、可操作的行为，并能活生生地印在员工脑海里，这工作必须由一个专门的组织机构来实施与推展。海尔文化中心同时肩负着企业兼并重组活动中的文化整合与融合使命。这种机构的设置，使企业文化建设较有系统性，企业文化建设的步履较稳健、实在。

精神塑造——企业文化的塑造

优秀的企业文化建设对促进其人力资源的综合文化素质、提高员工工作技能水平和完善优良工作环境等众多方面，都会发挥巨大的作用；而落

后的企业文化必定会阻碍企业的发展。当然，企业文化的内涵是博大精深、极为深广的。企业文化建设绝非一日之功，它需要领导层长期、科学而潜移默化的培育与塑造。

同时，企业文化建设也是触手可及的，企业日常管理的点滴小事和工作环境都可体现出企业特有的文化气息，会让企业人在日常工作生活中时刻感受到其企业文化。优秀的企业文化是现代管理的灵魂，是企业变革与发展的动力。

企业文化有三个层面：首先是精神和意识层面，包括企业价值观、企业精神、经营思想、企业道德观和风气等，这需要管理者长期的倡导和精心培植；其次是制度层面，即将精神和意识转化为制度来规范哪些行为是鼓励或允许的，哪些行为是不主张甚至禁止的；最后是物质层面，如企业内部刊物的创办、文化墙、文化娱乐活动、门户网站、持续改进的工作环境设施等。这三个层面是紧密相连的，忽视任何一个层面都是不恰当的。精神层是企业文化的核心和灵魂，是制度层和物质层形成的思想基础和精神动力；制度层则约束和规范着物质层和精神层的建设；物质层则是企业文化的外在表现和载体，是精神层和制度层的物质基础。所以企业文化建设不仅仅是“虚”的，也是“实实在在”的。

依照企业文化内涵的要求，企业有必要对精神、制度和物质三个层面三管齐下，促使其协调发展。首先，培育、提炼科学的企业经营管理理念和企业价值观等观念及其准确的理解，采取科学管理措施，使其自觉成为企业人日常工作的根本指导思想与行动纲领，努力树立正确的价值观和伦理道德，做好与公司共同发展的职业生涯规划，牢固树立为合作伙伴和终端客户提供优质服务的思想观念。其次，完善人性化的管理机制，制订科学规范的规章制度，培养优良得体的行为举止和积极向上的工作作风。最后，通过创办企业内部刊物、文化墙、CIS 形象系统物品、企业门户网站、持续改进的工作环境设施等硬件设施和增加教育培训活动，大力提升企业人“精益求精”的思想意识、工作水平和劳动技能，为实现“科学企业使命”提供优良的思想氛围、素质基础和工作（生活）环境。

作为企业文化的建筑师，高层管理人员承担着企业文化建设最重要也最直接的工作。有一次一个企业老总问我：“你觉得塑造企业文化最关键的是什么?”我告诉他：“是你先把自己塑造成为企业文化的楷模!”一些企业高层管理者总感觉企业文化是为了激励和约束员工，其实更应该激励和约束的，恰恰是那些企业文化的塑造者，他们的一言一行都对企业文化的形成和推广起着至关重要的作用。有一次我在辅导一家企业做企业文化时，他们老总说自己非常重视人才，希望企业理念在这方面有所体现，在我们谈话时，恰好安排要面试一个中层经理，当他的秘书告诉他面试者来了时，他却满不在乎地说：“让他再等半个小时，我有事走不开。”一件小事足以体现他对人才的重视程度了。企业的高层领导往往是各种理念、制度的直接破坏者，他们负面的言行对企业文化的破坏作用更大。

很多企业在进行企业文化塑造时，喜欢大张旗鼓地开展一些培训和研讨活动，其实企业文化的精髓更集中在企业日常管理的点点滴滴上。作为企业管理者，不管是高层还是中层，都应该从自己的工作出发，首先改变自己的观念和作风，从小事做起，从身边做起。

在思科，广泛流传着这样一个故事，一位思科总部的员工看到他们的总裁钱伯斯先生大老远地从街对面小跑着过来，这位员工后来才知道，原来钱伯斯先生看到公司门口的停车位已满，就把车停到街对面，但又有几位重要的客人在等着他，所以他只好小跑着回公司了。因为在思科，最好的停车位是留给员工的，管理人员哪怕是全球总裁也不享有特权。再比如通用公司，要求每个人必须随身携带一个写有公司价值观的卡片，就连总裁也随时都拿出这个卡片，对员工进行宣传，对顾客进行讲解。试想我们国内的许多公司高层管理者，你有这些世界一流公司总裁的理念和作风吗?

塑造企业文化的办法有很多，但其根本还在于企业管理者，尤其是高层管理者，有没有决心和勇气先把自己塑造为企业文化的典范，能不能率先认同并传播公司的文化。这是决定企业文化成败的关键。

企业形象——企业文化识别系统导入

企业文化识别系统包括企业形象的理念识别系统（Mind Identity，MI）、行为识别系统（Behavior Identity，BI）和视觉识别系统（Visual Identity，VI）三个方面。其中理念识别系统侧重于培育企业的核心价值观，行为识别系统着重于建立完善的管理制度和行为规范，而视觉识别系统则着重于构建企业的外在识别系统。

企业形象的导入，MI、BI、VI是一个不可分割的整体，是一个系统工程。MI、BI、VI把企业及产品形象中的个性与特点有效地传达给一切可接收信息的消费者，使其对企业及产品产生统一的认同感和价值观，从而达到促销的目的。由于我们的社会为适应市场经济、知识经济的要求日益迈向高度的信息化时代，消费者所接收的信息越来越多，早已达到了超负荷的状态，所以如何利用各种信息传播媒体有效地塑造企业形象显得更重要。企业形象对现代社会生活至关重要，因而，人们常称MI、BI、VI是现代企业有效掌握与占领市场的一只“魔手”，也有人把MI、BI、VI比喻成为一个人的心脏、手和脸，还有人把它们比喻成一棵树的根、枝、叶。三者之间担负着不同的重要使命，是企业形象建设的重要内容。

1. 理念识别系统（MI）

企业理念识别反映的是企业精神现象的本质，属于思想意识范畴。它是企业在生产经营过程中形成的一种指导企业整体行为的特殊精神，包含企业哲学、企业价值观、企业精神和企业目标等内容。那些成就斐然的公司都有自己明确的、积极的、深入人心的理念与信仰。如IBM公司的

“IBM 意味着服务”、通用电气公司的“进步乃是我们最重要的产品”，这些口号就是它们的经营理念。

理念识别系统设计的要素有企业哲学、企业价值观、企业精神、企业目标。

企业哲学是企业的世界观和方法论，是指导企业经营管理实践的根本思想，它关系到企业的兴衰成败、生死存亡。它不是企业领导者随意决定的，而是在企业生产经营活动中逐渐形成的，是对企业实践的高度总结和概括。日本著名企业家松下幸之助说过：“我相信一个公司唯有在一个哲学的方针受到遵循时才能成功。”海尔认为“哲学是企业的灵魂”，如它的管理哲学思想主要表现在“以人为本”“系统协调”和“日清日高”三个方面。

企业价值观作为企业及其员工对其行为意义的认识体系，决定着企业及其员工的行为取向和判断标准。它常常隐藏在企业的生产经营活动中，支配着企业及其员工的行为，决定着企业的命运，并直接控制企业对环境行为，指导和调节企业内部各种群体和个人的价值取向。海尔有句名言：“要么不干，要干就要争第一。”这种追求卓越的价值观使其产品、服务、品牌、效益等均达上乘。

企业精神是建立在共同价值观和共同信念的基础之上的，为全体成员认同和接受的一种群体意识。企业精神是企业素质的综合反映，是企业员工意向的集中，是一个企业的灵魂。它富有时代的特色，更表明企业的目标，使企业具有一种使命感。海尔公司把“敬业报国，追求卓越”作为自己的企业精神。中国的荣氏企业始终把“服务社会，报效国家”作为企业立足社会的精神源泉，从而使企业由小变大，迅速发展，赢得了广大民众和社会的大力支持。

企业目标是企业要达到的理想境界，也是企业期望争取的市场地位。它是企业理念的具体表现，又是企业理念更新和完善的动力。如海尔的

“日清日高、争创第一，加入世界500强行列的计划”，便是企业的奋斗目标。

我们来看看美的是如何设计理念识别系统的：

美的集团号召广大员工以“创造完美”作为“美的”CI（企业视觉形象识别系统）的核心。这一崇高理念表达了“美的”人的思想境界与追求目标，是企业价值观的集中体现。以这种企业哲学为指导，公司要求每个“美的”人在自己的岗位上，要以高度的责任感和一丝不苟的工作精神，充分发挥聪明才智，团结拼搏，创造出外表美与内在品质日臻完美、实用价值与欣赏价值完美结合的“美的”产品，给消费者带来美的享受。这一经营理念贯彻始终的结果是：“美的”风扇、“美的”空调两大拳头产品不仅备受国内广大消费者的青睐，而且获取QC（质量控制）、CSA（加拿大标准协会）、GS（安全性已认证）等国际认证，走出国门，行销欧洲、北美、东南亚等地的36个国家和地区，使“美的”集团自1988年以后，曾连续夺得全国家电行业出口创汇第一名，荣获全国乡镇企业出口创汇飞龙奖。今天，“美的”已从一个由23人集资5000元所建的作坊式的乡镇企业，经过CI战略的美化塑造，发展成为中国第一家乡镇企业上市股份公司，是我国南方一个引人瞩目的明星企业。

2. 行为识别系统（BI）

行为识别系统（BI）是以企业理念为核心，表现企业内部的组织、管理、制度、教育等行为，以及对社会的公益事业、公共关系等的动态识别形式。它是在企业整个经营管理活动中，以企业理念为指导所设计的企业全体员工自觉遵守的工作和行为方式。企业导入BI，就是统合行为，展现理念。

BI的主要内容可从企业内外两方面划分，对内包括企业环境、组织机构、员工教育、员工行为规范化等内容，目的是达到全体员工自觉遵守统一的行为方式，使企业内部变成一个整体；对外包括产品规划、营销策略与规划、公共关系、公益性与文化性活动等一系列内容，目的是宣传企业形象，以获得社会公众的认同和好评。这些内容涉及市场营销学、广告学、公共关系学、传播学、管理学等方面的知识。

BI 倾向于利用有关知识实现其目的，即通过各种有利于社会大众以及消费者认知、识别企业有特色的活动，塑造企业的动态形象，并与理念识别、视觉识别相互交融，树立起良好的企业整体形象。可见，BI 的规划、设计、建设和宣传是一项系统工程。通过 BI，塑造动态形象并为社会公众所识别与接受，这绝不只是企业文化中心或公关部的事，而是关系到企业自上而下的每一个员工、企业的每一道环节和每一个部门的事。要使 BI 发挥应有的效应，需要长远规划和全体员工的共同努力，短期的举措不可能立竿见影。

麦当劳公司可称得上是这方面的典范。无论你走进麦当劳的哪一家分店，你都能得到大小相同的份额、同样口味的食品，看到一样的餐饮服饰，享受到一样的服务，其行动的统一性达到了惊人的程度。

3. 视觉识别系统（VI）

视觉识别系统（VI）是企业形象静态识别符号，是具体化和视觉化的传达形式，包括企业鲜明的视觉展现、企业品牌、企业标志、企业标准色、企业宣传口号、企业建筑物外观、员工服装服饰、交通工具等。其中企业标志、标准字、标准色是整个 VI 系统的核心。

VI 设计要体现其寓意性、直观性、表达性和传播性。为此，应遵循以下原则：以 MI（企业理念）为中心的原则、目标原则、现实性原则、习惯性原则、人性化原则、民族化原则、普适性原则和法律原则等。

企业标志分为字体标志、图形标志和组合标志。其设计要遵循适应性原则、知识性原则、易识性原则、美观性原则、普适性原则。

自我超越——学习型组织的塑造

学习型企业文化是对企业文化的创新性延伸和拓展。学习型企业文化与学习型企业相互依存、相互融合、相互作用，是学习型企业的本质特征。学习型企业是学习型企业文化的根基，不积极创建学习型企业就没有学习型企业文化可谈；学习型企业文化是学习型企业的灵魂，不自觉创建学习型企业文化并把它作为统领和支撑，创建学习型企业只能是一厢情愿。

学习型企业文化体现为人本管理的最高层次。学习型企业文化高度重视人的因素，高度重视人的素质的全面提高，高度重视企业和员工的协调发展，希望通过建立共同愿景、形成共同价值观、挖掘团队智慧、激励自我超越、改善心智模式、培养系统思考能力，以学习提升创造力，进而增强员工和组织的竞争力，最终使企业登上学习型组织的高峰。由此，可以说，学习型企业文化是一种鼓励个人学习和自我超越的企业文化，是一种促进建立共同愿景和团队学习的企业文化，是一种强调开放、创新、应变的企业文化。

在学习型企业的文化建设中，更注重对职工学习力的培养、心灵的塑造、精神的训练，建立个人对企业整体的认同感，进而形成了整个企业和向心力和凝聚力。在建设学习型企业文化时，应遵循以下原则：

1. 科学定位的原则

学习型企业文化的建设，必须从企业的实际出发，在对企业进行全方位诊断的基础上，充分挖掘和提炼企业的各种积极因素，提出科学的规划方案；把企业文化的定位同企业的发展壮大紧密结合，为企业文化的建设开辟广阔的前景。

2. 全方位构筑的原则

全方位的系统文化，包括视觉文化、管理文化、营销文化、品牌文化、形象文化等多个方面。企业文化建设必须突出核心，辐射全局，并将文化的精髓深入到每个职工的心中，深入到每道工序之中，激发职工强烈的团队精神和集体荣誉感。

3. 内涵深化的原则

企业文化教育的内涵源于企业的经营特色和管理风格，以及对知识经验的积累、提炼和创新。不同的企业都有其相对独立的文化内涵，但其本质都是“以人为本”的管理思想。因此在企业经营管理中，要用系统的方法分析和解决问题，按“工作学习化，学习工作化”的要求来学习和工作。

创建学习型企业文化的有效途径有以下几个：

1. 营建学习氛围，创新知识共享机制

在传统的企业中知识垄断带来竞争优势，而在学习型组织中，唯有知识共享才能带来组织的竞争优势。要创建学习型企业文化，必须在组织中营造一种鼓励知识共享的创新型氛围，把学习引入工作形成共识。创造整体学习大于个体学习的效果，提高企业整体学习能力，创立知识共享机制。在这种氛围中，企业要树立学习理念，容纳各种思维方式，设法使各层员工全身心地投入学习，具备不断学习的能力，并提倡员工真情交流，将学习和工作有机地结合起来，达成共识，达到知识共享的目的，促进企业间的相互交流与学习。企业间正式与非正式的相互交流与学习，非常有利于信息与知识的传播、运用和创造。交流的内容除了知识外，还应包括科学工作方法与学习方法。为此需要改变竞争观念，由竞争对手变为合作竞争。在21世纪，一个不善于同竞争对手合作，不善于与外界交流，不善于学习的企业是没有前途的企业。拆除部门篱笆，强化合作意识，员工间自觉知识共享，模糊部门界限，推动部门间的交流，强化协作整体意识，

是创建学习型企业文化的重要前提。

2. 注意示范，领导干部以身作则以点带面

学习型企业文化建设，离不开企业领导强有力的指挥和鞭笞。领导者最重要的任务是创立和维系正确的企业价值观，并把它灌输到企业全体成员的心中，形成企业上下一致的意志和共识。具体来说，领导者应该做好以下工作：领导者要利用自己的地位和影响力，采取强有力的措施，向全体成员宣传企业的价值观；要意识到自己是企业价值观的化身，在实际行动中体现价值观；要坚持不懈，加速观念更新，以丰富和发展企业的价值观和信条；要随着形势的变化，适时修改企业的价值观念体系。

3. 培养主体意识，充分发挥员工的主观能动性

企业员工是企业文化的创造者，也是企业文化的继承者，更是企业文化的传播者。同时企业文化又影响着全体成员，只有充分调动员工的主观能动性，才能成功地创建学习型企业文化。主体意识能够激发员工的主人公意识，使他们不仅乐意接受企业的价值观，还会积极充当传播者。要培养员工的主体意识，企业必须满足员工的基本需要，这是调动职工参与建设文化积极性的基本条件。同时，应积极推动员工参与管理，健全各种经济责任制，健全奖惩制度，把个人利益绑在企业利益上，增强企业的凝聚力。

另外，在工作、生活上应关心员工，认真听取员工的意见和要求，做到领导和员工心灵沟通，感情融洽。比如，在新年来临之际，董事长亲自给员工们发一条慰问短信。

4. 加强教育培训，培育共同价值观

教育培训是创建学习型企业文化的重要渠道。实现教育培训的途径可以是多种多样的，比如领导主持的培训或会议、优秀员工经验谈等，从而将企业的价值观、传统经营理念移植到员工的心中，形成企业独特的精神风貌，以增强员工对企业价值观的认同观。

总之，企业在激烈的市场竞争中要保持其核心竞争力就必须构建学习型企业文化，以达到成功移植管理精髓的目的，从而为企业的持续发展铺平道路。

由外而内——企业文化宣传和推广

企业文化的宣传与推广是企业文化落地的重要手段。就像革命时期的文工团，对活跃士气、激励前线、统一思想和方向起到了至关重要的作用。对于企业而言，企业文化推广的途径有很多，如会议、日常管理、绩效考核、教育培训、团体学习、媒介、活动等。

1. 会议推广

会议的过程是工作的过程、学习的过程，尤其是团体学习的过程。它传播着企业的价值观、规章制度及行为规范，更传播着对企业物质文化与精神文化的判断。这正是“企业”文化“企业人”的过程。随着这种活动的反复开展，企业的文化理念也就逐步渗入了企业人的血液。

企业会议的类型很多，有党务工作会议、行政工作会议及工会、企业工作会议、部门工作会议、车间工作会议及班组会议等。根据会议场地的不同，还有室内会议、现场会议、电视电话会议及网络会议之分。它是企业文化宣传推广的过程。

2. 日常管理推广

若企业文化与企业管理存在“两张嘴皮”，则企业文化理念就无法落地，企业管理品质就难以实现提升，甚至会蔓延劣质的企业文化。唯有企业文化与企业管理两者紧密结合，才能提升企业管理的水平与品质。

日常管理过程中，企业文化的行为层和物质层在传播，即员工或团队看到的企业行为规范、听到的企业听觉识别体系，都在提醒自己须与企业要求同行。这些都是企业文化传播的过程。因此，企业管理应运用企业价

值观来指导日常工作与学习，运用企业制度来衡量日常工作与学习。

3. 教育培训推广

教育培训是一种组织传播，一种人际传播。培训内容、培训讲师、培训质量及培训环境，都会直接或间接地影响人的思想与行为。为此，通过企业文化培训，可以不断把文化理念植入企业人的骨髓，改变企业人的心智模式，促使企业人依照企业文化理念去执行任务与完成工作，形成良好的企业氛围。

诚然，企业文化培训应该根据企业人的层次不同，而开展内容有别的具体培训。一般而言，对基层员工进行企业文化培训时，只要求受训者知其然，而不必知其所以然；对企业一般管理者进行企业文化培训时，既要求受训者知其然，又要求其知其所以然；对企业领导与部门、车间主管进行企业文化培训时，既要求受培训者知其然、知其所以然，又要求其了解成功企业文化实践的典型案例、企业文化理论发展的脉络。

4. 媒介推广

媒介之所以称为媒介，是由于其在推广过程中存在一定的受众和潜在受众群。它不断地通过视觉系统和听觉系统，向企业人传播着企业文化。企业文化在媒介中反复呈现，就会促使企业人形成思维定式、习惯。一旦习惯确立，企业文化也就真正落地了。

媒介可分为对内传播媒介与对外传播媒介。对内传播媒介涵盖了企业的局域网、有线电视台、广播、博客、微博、微信、报纸、简报、室内外看板等；对外传播媒介涵盖了地域性、全国性与国际性大众传播媒介、产品及包装设计等。它们一部分内容直接反映企业文化，另一部分内容则间接体现企业文化。因此，这些媒介都是企业文化推广的途径。

5. 活动推广

企业文化也可以通过企业举办的各种文化活动进行传播、渗透。这种推广途径，往往能间接地、潜移默化地促使企业人接受企业文化的熏陶。

也可以说，这种途径，最容易把意识层面（如文化理念）转化为行动层面，最终实现企业文化自觉。

例如，联强国际公司的企业文化推广是这样做的。

联强国际公司把企业文化以书面化的方式发放给员工。其中包括所要表达的企业文化内容，如 7P 哲学（Pleasure，Prestige，Professionalism，Perfection，Planning，Performance，Profit，即全体员工在工作中寻找乐趣，进而获得成就感，由个人的专业化去达到公司的专业化，而且要精益求精，工作要有计划，要求绩效，还要重视利润）。公司将公司理想、经营理念、价值观、企业标志的意义等也以文字书面方式告知员工，使员工对公司的认知有很明确的文字依据。这份依据特别注重设计、美观，让人喜欢，甚至可以收藏，也可以年历的方式传达公司信息。当公司进行职工招聘时，凡到公司应聘者，便可得到公司内部刊物一份、企业文化说明卡一张，使前来应聘的新员工，在等待中就了解了公司的企业文化。

公司的企业文化除了静态文字的传播，还可以动态的活动辅助，以增强效果。联强国际公司每个月固定一天举行全体员工大会，安排专人演讲，演讲的题目与企业文化所要传达的精神相关。如时间管理讲题，就符合 7P 哲学中的追求完美、讲求计划、达到绩效三个方面。面对新一代员工，用那些传统做法效果不好。某企业以“征文比赛”“演讲比赛”来推广企业文化，但效果并不理想，因为员工们自离开学校，就很少动笔写文章，而且企业文化在推广阶段，员工们对企业文化大多不会有深刻的理解，更何况若只是一知半解，断章取义，所产生的结果反而得不偿失。

联强国际公司还把推广企业文化融入到管理运作中，并取得了良好的效果。各部门职工，平时在日常工作中就运用 7P 哲学。如每个员工在每月 5 日前就把本月工作拟出一个明确的计划表，列出所有的内容及注意事项。同时对上个月的工作做出总结报告，适当的评估完成的工作达标率。报告的格式规范、固定。此举对培养员工分析、组织表达能力非常有用，

对某一个具体的部门来说，主管人员更容易了解每个员工的工作状况和能力，并随时传达公司的各项措施，给予每位员工正确的指导。这对整个企业发展是有百利而无一害的。

企业文化的推广除了传统宣传手法，在信息化的今天，利用网络是最有效的传播方式。凭借网络功能可以让公司的规定及措施更快捷的传递。联强国际信息部开发了一个图文电视系统，将所有企业文化要表达的内容全部输入。当职工们打开计算机后，首先出现的是“企业精神”的标语，进入信息系统之后，就可以看到励志箴言、系统简介、月历。当职工们在职周年、生日等纪念日来临时，电脑荧屏上会出现闪动的祝福话语、大蛋糕等，这让职工们感受到公司的深切的关怀。

换句话说，企业文化的推广并不是一朝一夕的事情，只在一年当中的几天时间大张旗鼓地热烈推广，之后便悄无声息了，是不可能达到推广企业文化的目的的。在推广企业文化的过程中，最理想的效果是全体员工达成共识，使自己进步、企业成功。这就是为什么每个企业都需要建立自己的企业文化。

序列项目——企业文化塑造的内容及评价标准

企业文化最根本的是价值化、人格化和理念化。

企业文化的核心要素是价值观，其外化形态就是企业领袖的风格，以及传说故事、礼仪庆典、文化网络、英雄人物等。这些内容构成了现实的企业文化，没有这些内容的企业文化就是空洞的，有了这些内容的企业文化才是有血有肉的，可以具体操作的，可以贯彻下去的东西。塑造企业文化，应遵循如下基本要求。

1. 树立以人为本的企业文化理念

企业的持续发展需要一大批思想觉悟高、业务能力强、管理水平高的管理人才和技术人才。而企业文化恰恰是建设、培养高素质职工队伍的重要途径。建设企业文化，确立“以人为本”的战略，是先进企业文化的实质所在。一方面要营造优厚的政策环境吸纳优秀人才，留住人才，千方百计调动员工的劳动热情和聪明才智为企业发展服务，另一方面要努力提炼企业的核心价值观，让“为企业献身”的精神成为行为主体的价值观，积极推行激励机制，促进员工解放思想、转变观念，树立与时代发展相适应的经营管理理念，在企业发展的同时努力让员工实现自己的抱负，进而在企业内部形成开拓创新、锐意进取的良好氛围，不断增强凝聚力和战斗力，为企业的改革、发展和稳定提供强有力的保证。

2. 打造诚信经营是企业文化的灵魂

企业文化提供了一整套观念系统，弥补了企业制度柔性管理的不足，表述了企业生产经营的特色与风格。以诚相待、诚实信用，在优质服务中树立品牌、形象，这是企业管理的精髓。优秀企业以自己优秀的企业文化，引导员工将诚信、优质服务的理念根植于头脑，表现于实际，发扬团队精神，打造以市场为目标、以客户为中心、以品牌为手段、全力服务客户的经营理念，打造企业“从外到内”与“由内而外”的全新形象。

3. 开拓创新是企业文化的升华

创新，是企业唯一的生存与发展之路，也是促进企业跨越式发展的强劲动力。面对日新月异的世界，我们必须要有全球竞争和挑战未来的战略眼光，在经营管理上要更加注重创新和超越自我。日本企业界的最优秀的总经理们总是不惜耗费大量的时间和精力营造、维护自己的优秀企业文化，并从企业文化的实践中捞到不少好处。

如日立公司奉行的哲学“和，诚，开拓”精神中，“开拓”要求勇于创新、争取更大成果的一种旺盛的斗志，以“向新领域挑战，百折不挠”的精神调动员工的感情。唯有创新才可使企业永葆活力。

创新的最高境界是从技术创新扩展为制度创新和文化创新。为实行技

术上创新，企业必须同时实行制度与文化创新，因为旧的制度往往难以支持和容纳新的技术和组织方案。在制度与文化创新中，企业为每一种制度的每一次演变提供文化上的阐释，赋予其企业文化的意义，即企业使命。勇于创新的企业文化，是引导和促进企业创新的活力，它把员工的个人价值实现与企业的发展有机统一起来，企业给员工以回报，员工给企业以贡献，增强热爱企业的团队意识和进取精神，引导全体员工充分发挥自身创造性，让团队智慧闪光，迸发出无穷的力量，推动企业快速发展。

4. 促进和谐是企业文化的目标

企业文化建设以“管理、发展、创新”为其内涵，以实现“构建和谐”为核心，通过优良企业文化铸就共同的企业发展观和行为准则，提升员工职业素养，凝聚人心，鼓舞士气，将企业文化理念融入生产、营销、服务等各环节及每一个员工的实际工作中，形成推动管理创新和效益提升的强大动力，最终使文化管理的成效惠及社会及全体员工，促进企业与员工、企业与社会的和谐发展。

企业文化评价是随着企业的发展而不断变化的，它是由标尺、效应、信度和常模四个基本架构组成的。这里的“标尺”讲的是测评的准则和依据，采用什么工具去评价；“效应”讲的是测评的有用程度；“信度”讲的是评价的可靠性怎么样；“常模”指的是通过分析解剖一个单位的企业文化参数，来解释整体的企业文化发展态势。

企业文化评价的具体建立，一般是由三个方面组成。

1. 素质指数

一般由六个方面组成，主要包括各级领导班子“四好”程度（创建四好班子评比结果）、党员队伍素质（党员在企业各类先进中所占比例）、职工队伍素质（职工遵纪守法，做文明职工的情况）、职工的执行力（干部职工对规章制度及各项规范的落实情况）、创建学习型组织（领导及职工学习执行力情况）、市级以上先进比率（集体或个人获得市级以上先进比率）等。

2. 环境指数

一般由四个方面组成，主要包括企业形象建设（执行企业文化 CI 标准情况）、企业内外环境建设（本单位环境治理情况）、现场管理（遵照现场管理标准达标情况）、治安环境（综合治理情况）等。

3. 发展指数

一般由五个方面组成，主要包括产品生命周期（产品在市场上的生命循环情况、产品研发情况）、技术创新（在技术创新方面的情况）、用户满意度（产品返修率、顾客评价、品牌知名度）、经营业绩同比度（年度销售收入同期比、年度成本控制同期比）、职工收入同比度（比上年度增长率）等。

目标分段——企业文化建设的阶段划分

根据企业的实际需求及企业文化建设的内部规律，将企业文化建设分为四个阶段：第一阶段为企业文化的提炼与构建，第二阶段为企业文化的管理、传播与落实，第三阶段为企业文化的诊断与突破，第四阶段为企业文化的持续突破阶段。每个阶段的项目可单独提供，第四阶段为常年项目，建议企业每年度举行一次。

1. 企业文化的提炼与构建

企业文化的调查研究同其他社会调查不同，它是以企业发展、企业生产经营为中心，对企业文化因素进行考察，为创立企业文化提供参考信息。

企业文化发展史的调查分析。每个企业都有自己的企业文化发展史，区别在于文化的个性和特色。企业在创立企业文化时，实质上都在自觉与不自觉地受到过去已有的企业文化的影响，新文化是在旧文化的基础上发

展起来的。因此，创立企业文化需要总结过去，继往开来。

企业文化发展的内在机制的调查分析。企业文化生成与发展的核心机制是内在的对企业活动信息进行加工的机制。它的现实形态表现为企业的经营活动机制。这是创立企业文化调查分析的中心环节。

企业价值观的调查分析。企业价值观是企业文化的中心环节，是核心。对现在企业价值观的调查分析，是确定新价值观的基础。价值观文化是企业文化中最难确定的部分，其稳定性最大、影响力最大。因此，确定企业价值观是企业文化建设的首要任务。

企业文化发展环境分析。企业文化的形成和发展离不开文化环境。文化环境是影响企业文化的外部因素。

企业文化发展战略调查分析。调查分析企业文化的过去、现在的发展轨道，预测企业文化未来的发展道路。结合企业经营发展战略，对企业文化未来发展可能产生的影响进行战略性分析。将企业文化看成是未来企业竞争的焦点，文化的力量决定企业竞争的力量。

企业人的素质分析。企业文化是企业人群体加工企业信息后的产物。企业人是企业文化生成与发展的产物。群体素质的高低直接影响企业文化水平的高低。创立企业文化，必须调查分析企业人的素质。

创立企业文化是一系列的行为，需要制定总体的规划方案，总体规划建立在调查分析的基础之上，不是主观臆测的。科学性和灵活性是制定总体规划的保证。

总体规划是企业文化的倡导者根据企业文化现实和未来文化发展的设想，在调查分析的基础上制定的文化发展方案。提出创立企业文化的目标、宗旨及其意义，从宏观上提出未来文化发展的走向，给本企业文化定位；提出高品位的文化价值观，科学、简练、明确地让所有企业人都正确理解企业文化价值观对他们的要求；依据企业的个性特色，以企业价值观为中心，提出企业精神、企业哲学、文化信念等精神文化目标；结合企业经营战略目标，明确物质文化将要达到的指标，提出有针对性、指导性的物质文化措施；提出切实可行的行为方案，强调企业人的文化自觉力和自我约束力，依据企业人的素质来确定强化或淡化制度和规定的制约机制；对企业原有文化给予客观公正的评价，并提出需要继承和发扬的文化传统。

2. 企业文化的管理、传播与落实

总体规划制定之后，需要进行论证，并在经过选择的区域内进行推行，从经验和实践两方面充分论证总体规划的可行性。通过论证与试验，寻找创立企业文化的突破口，以较小的代价获得理想的收益。如果说，调查分析、总体规划还只是文化的倡导者及其助手们的企业阶层行为，那么到论证试验阶段则需要全体企业人的介入。

选择传播宣传工具，将总体规划渗透到企业基层，让文化假设接受检验；通过座谈会、抽样问卷调查、个别谈话、提合理化建议等形式，搜集反馈信息；确定实验区域，进行实地调查，记录数据和材料；集中所有的信息进行科学分析，总结出文化“闪光点”；修正总体规划中不符合实际的部分；将修正后的总体规划进行再一次的论证实验，直到被大多数企业人认可为止。

传播执行是在总体规划经过讨论、试验，被大多数企业人认可以后，将文化计划变成文化现实的过程。这一阶段是最为复杂、最为多变的阶段，也是最为漫长的阶段。从创立企业文化的意义上讲，显然这一阶段是最为关键的，因为文化现实比文化计划重要得多。

3. 企业文化的诊断与突破

企业文化的评估调整，就是根据文化特点、总体规划要求以及客观执行状况，对总体规划、传播执行效果等方面进行衡量、检查、评价和估计，判断其优劣，调整目标偏差，避开文化负效应，保证正效应，使创立企业文化工作向健康、稳定、正确的方向发展。

4. 企业文化的持续突破阶段

企业文化的巩固发展就是在初步建立企业文化的基础上，稳定已取得的文化成绩，进一步突出文化个性，发挥企业文化的效能，以新的企业文化为动力，加入企业竞争和社会竞争。

美国通用电气持续发展的秘密

美国通用电气公司（GE）前总裁韦尔奇从一开始就决心把通用电气改造成一个与众不同的公司，他向全公司经理人员提出了一整套通用电气的价值观，要求他们做到：树立简明务实、以顾客为中心的观念；勇于承担责任和义务，制订并实现有进取心的目标；热心追求卓越，憎恨官僚主义及其种种弊端；对下放权力充满自信，坚持群策群力，广纳忠言；有能力发展多样化的面向全球的队伍；热心鼓励变革，视变革为机会而非威胁；充满活力并能激励他人，懂得速度就是竞争优势。

韦尔奇还在全公司倡导一系列别出心裁的运作方法：

大公司与小公司并举。通用电气是一家超大型公司，但韦尔奇极力以经营小公司的方式来经营通用电气，即坚持培养小公司常有的那种和谐、亲密、坦诚的人际关系，让每一个人都有参与的机会，并根据其贡献给予报酬，而不是论资排辈；坚持像小公司那样进行简单、明快的沟通，鼓励不同意见的交流与争论；坚持像小公司那样直接面对顾客，深深理解他们的需要和爱憎，并能对顾客的要求和市场的变化做出快速的反应。同时，通用电气对外也保持其大公司的形象，这样可以增强用户、投资人、合作伙伴、供应商等的信心，有利于维持公司的市场地位。

无边界管理。官僚主义的一大特点是部门间画地为牢，互为壁垒。无边界管理就是旨在打破部门间的人为障碍，鼓励不同部门的人员进行横向交流与合作，培养职工的“团队精神”。为了促进跨部门的合作，公司广泛采用了矩阵式组织结构和项目小组制。现在，通用电气将无边界管理概念扩大到公司以外，成为加强与用户、供应商、经销商，甚至同行竞争企业间联系的一种有效手段。

独裁与民主的统一。韦尔奇认为，在企业管理中可以将独裁领导和民主领导二者结合，即决策前应该广泛征求意见，但决策时必须一个人说了算。通用电气也确实是这样做的：一方面，公司普遍推行“群策群力”，让广大职工有参与管理的机会；另一方面，各级主管经理都享有最充分的自主权和决策权。以韦尔奇为例，他身兼公司董事长和总裁二职，有权决定公司的一切事务，如投资、兼并、购置或出售任何生产线、制定公司的政策与发展战略、部门和人员的增减等。

高度集权与高度分权的统一。通用电气有 13 个事业部，每个事业部都有一定的生产经营领域，如照明、电力设备、工程塑料、发动机、机车、医疗设备、家电、航天等。公司对各事业部高度授权，给予充分的经营自主权，包括产品的研究与生产、市场的开发与经营、员工的配置与调整等。但是，通用电气在某些方面又高度集权化。除了金融事业部以外，其余的事业部都没有注册为独立的公司，全部统一在通用电气名下，都同属一个法人。这与其他很多大公司不一样，别的大公司也分为事业部，但各事业部常注册为独立的公司，或各事业部内注册了若干子公司。

另外，通用电气的资金也是统一控制和使用的，每个事业部可以按照年度预算计划使用资金，但所有的销售收入都必须归入到公司的统一账户上，既不能有“利润留存”，也不能与公司进行“利润分成”。各事业部发展需要的投资，均统一由公司计划安排。通用电气的这种资金上的高度集中的体制至少有两大好处：一是可以减少纳税，二是可以集中大量资金用于发展那些有较大市场效益但投资规模较大的项目。正因为如此，通用电

气得以投资数十亿美元开发出 GE90 大型客机发动机、新一代重型燃气轮机、核磁共振仪等高科技产品。

除了领导力资源重新部署和重塑全球化创新机制，通用电气还在以下几个方面推动公司运营全球化的进程：

与发展中国家新兴市场的后起企业建立面向全球的合作伙伴关系。发展中国家的企业进入全球顶尖公司行列只是个时间问题，对大多来自发达国家的跨国公司来说，他们将来要么是对手，要么就是合作伙伴。通用电气的选择是尽早地创造尽可能多的合作伙伴。通用电气建立合作伙伴关系的目的并不仅仅是开发这些企业背后的母国市场，它更看重的是，如何结合这些合作伙伴在某些细分市场上的优势与通用电气在已有的渠道和品牌效应，在全球范围内共同打造能改变行业生态的竞争力，达成双赢。

全球化、强度更高的领导力培训。分布式的决策机制和遍布全球各地、来自不同文化背景的员工带来了企业文化会被稀释的隐患，通用电气的对策之一就是强大的员工培训系统，尤其是领导力培训。

与所有本地利益相关者广泛接触，保持合规，履行企业社会责任。相比大部分成熟的发达国家市场，新兴增长市场的合规环境极其多变，通用电气正投入越来越多的资源，对诸如中国这样的高增长市场纷繁的法律法规进行研究和理解，降低合规风险；同时，通用电气也意识到仅仅获得法律认可并不是成功的唯一保障，“社会执照”对正常运营来说同样不可或缺，这就要求企业与所在国的社区各利益相关者进行深入沟通，形成良好互动，通过帮助进行本地能力建设等方式，充分履行社会责任，这些努力终将变成宝贵的无形“资产”，帮助企业扎根社区，真正实现在本地的可持续发展。

第六章

管理——企业文化梳理、凝练、深植、提升

重落实轻口号，重执行轻宣传。只有持续不断地建设和维护、理性有效地运作和管理，让企业文化工作才能畅通无阻。

提纲挈领——企业文化措施化的流程与方法

有私家车的朋友都知道，车子买回来了，你不能想开时就开，开完就放那儿不管了，你得保养：安全检查、机器检修、按时洗车。企业文化也是同样的道理。企业文化管理是一个过程，不是只起草一个纲领就完成了的事情，纲领只代表企业文化管理的一个开端，企业文化措施化流程涉及以下几个方面。

1. 企业文化管理的关键要素

这首先取决于企业家与企业家群体，因为企业文化的基因来源于企业家和企业家群体，企业的企业家团队是决定企业文化管理的关键。作为高层，有几项使命：一是树立企业的理念、使命和核心价值观，要有意识地了解和创造企业的核心价值体系。高层不断地讨论，就是企业家在有意识地引导和创造企业文化。二是企业战略性系统思考——企业向何处去？产业要向哪个方向升级？企业未来战略发展方向是什么？核心能力是什么？关键业务领域是什么？未来的商业运作模式是什么？这些问题企业的高层需要思考清楚。三是要成为企业文化管理的忠实追随者、布道者、传播者、感召者、激励者。企业文化不是由学者来讲，而是由企业的高层来讲。通过讲文化、讲战略，迫使高层不断思考这些问题，高层要能给刚来的员工讲明白企业文化，就说明高层真的弄懂了，想通了。整个企业不断的布道，就形成了一种氛围。

2. 企业文化管理的第二个要素

企业的核心是人才，也就是除了高层以外的各层管理者也要承担文化管理的责任。但各层管理者与老板、高层所承担的责任有所不同：一是要共同参与企业愿景与核心价值观的制定。二是提炼经验，总结教训，探寻方法，确立准则，行为带动。三是将核心价值观融入制度建设和流程建设之中。真正接触员工的是中基层管理者，所以企业文化的真正推动者是中基层。而且员工更多要靠舆论导向，要靠氛围带动，所以对职工要有强化的过程，即通过开始的强制达到最终的自觉的过程。

这就要求我们企业以及企业文化工作者，走出企业文化建设的误区，走向企业文化管理。

企业文化措施化方法有如下几种：

(1) 贯彻宣传企业理念，使企业的宗旨、愿景、战略、人才观、经营理念、行为准则和行动口号深入人心并为广大员工所接受、认同，树立以企业精神为核心的理念，提高员工的向心力、凝聚力。

(2) 制订并完善《员工手册》，下发并组织全体员工深入学习并贯彻执行，使得各项工作有章可循，实施责任追究和分责管理，严肃制度，加大考核，提升管理水平，让制度成为文化的载体，使员工在思想上逐渐完成从“要我遵守”到“我要遵守”的升华，在行动上实现从“要我做”到“我要做”的跨越。为取得真正良好的效果，可以在学习培训后组织《员工手册》知识竞赛、有奖问答等。

(3) 整体推进 VI 识别系统，在办公区、宿舍区悬挂企业理念宣传标牌；在办公区设立带企业名称的铭牌；办公用品、形象宣传品、会议及接待用品、印发的文件材料、电子杂志、信封、会议桌牌、标语、视板、工装、太阳帽，以及平时喝水的一次性纸杯等均要带有企业标志，并严格监督。

(4) 抓好企业宣传栏、员工活动中心、企业报栏、阅览室等文化载体和阵地的建设，形成浓厚的企业文化建设氛围。

(5) 创办企业内部刊物，进一步弘扬企业文化，树立企业的正面形象，增强员工的归属感，推动企业文化建设持续健康发展。对所有部门的优秀员工进行奖励，提高员工的参与积极性，形成一种积极向上的氛围。

(6) 组织管理层人员开展大讨论活动，探讨问题为：企业凭什么凝聚

人心？借此机会征求各方面的意见，避免企业仅仅依赖职位和金钱作为奖励员工的单一方式。

（7）倡导没有任何借口的执行文化，实现工作目标的刚性到位，树立“必须执行、立即执行、深入执行”的理念，做到忠诚企业、雷厉风行、重视过程、服从全局。

（8）倡导亲情文化，实现企业的人性化管理，想方设法为员工排忧解难，调整夫妻员工的工作时间，建立员工生日档案，制订并完善《员工慰问暂行规定》，对员工家有红白喜事、生病住院、子女升学等方面的情况，认真落实规定，使员工感受到企业大家庭的温暖。

（9）规范员工日常行为，讲究礼仪，提高员工品位，提倡语言文明、礼貌待人，可以请一些这方面的专业人士主讲“现代礼仪常识讲座”，促进全体员工做到“懂礼、知礼、用礼、善礼”。

（10）发挥党组织在企业文化建设过程中的作用，正确处理企业文化建设与员工思想政治工作、精神文明建设及企业日常管理工作的关系。通过企业党支部尽快开展思想政治工作与精神文明建设工作。利用自身企业舆论优势树立正确的舆论导向，从根源上改变员工思想。

（11）组织开展符合本企业工作需要的各类技能比赛、文化娱乐活动，如营销策略比赛、员工拔河比赛、员工联谊晚会、元旦暨优秀员工颁奖晚会等，并在活动之后加以跟进，使活动能取得促进员工关系、提升员工工作积极性等方面的实际效果。

（12）组建企业文化建设领导小组以加强领导，由企业各部门领导担任主要负责人，增强号召力，同时也有助于根据企业的整体战略对企业文化的建设把好舵，起到导向作用。

尽职尽责——企业文化职责化的方法与工具

许多企业强调人员素质，建立企业文化。论素质，责任是最基本的。责任也是每个企业的文化根源，企业要想成就百年基业，责任必须贯穿始终。如果企业能在企业文化中强调从小处培养员工的责任心，从大处培养员工的责任感，并使员工养成自觉行为，那么这个企业的文化就已经形成。

责任心就是竞争力，责任感就是凝聚力。

责任心越强，损耗就越低，失败就越少，希望就越大；责任感越强，企业就会越来越兴旺发达。缺乏责任感的民族，是走向没落的民族；缺乏责任意识的企业，是没有前途的企业；缺乏责任心的人，是任何事情都不能做好的人。

例如，英特尔公司每年都发表企业社会责任实绩报告，把承担社会责任作为企业发展战略的一部分。而万达集团则是中国民营企业中累计现金捐赠额最大的企业，形成了承担企业社会责任的企业文化。

平安保险公司在成立初期，就确立了“对客户的责任、对投资人的责任、对员工的责任和对社会的责任”的“四大责任”企业文化。十几年来，公司始终秉承这个宗旨。中国第一个引入外资的金融企业就是平安保险公司，作为平安的外资股东，1994 年 1 月开始至 2005 年退出这 11 年间摩根和高盛获得了 11 倍的投资回报。即便是在平安初期资金并不雄厚的时候，也一直努力承担着社会责任这一条，每年都会拿出一些资金去做社会工作。平安曾为红十字会组织过全国人数最多的献血活动，并号召本公司几万名员工，为红十字会捐献了大量的血液。现在，31 个省、市、自治区都有平安公司捐献的设备先进的献血车。另外，在一些偏远贫困地区，也建立了 39 所平安小学。平安借助其强大的营销网络和分支机构，配合当地

的未成年人教育活动。

说起企业的社会责任，大多数人一般想到的是各种慈善公益捐助行为，但德国大众中国区执行副总裁张绥新认为，这仅仅是企业社会责任的一部分，更深层的内容包括遵纪守法、通过商业目标的实施对社会发展有所贡献、对员工的权益保护和素质培养。他说，在德国大众，企业社会责任既是企业价值观的核心，也是企业文化建设和经营活动的主要导向。大众公司秉承着尊重、责任和可持续发展的原则，承担企业社会责任，促进所在地区和国家的经济社会全面发展。只有得到社会和公众的认可与信任，企业才能永远长青。通用汽车公司亚太区副总裁兼首席法律顾问魏积安也支持这个观点，他认为，企业责任最主要的一项就是社会责任，在尊重环境和为社会服务的前提下，企业发展就能获得良好的发展环境。

几十年奋战商海，李嘉诚始终认为：不义而富且贵，于我如浮云。正是心怀如此的人生准则和强烈的社会责任感，李嘉诚“非常努力，不怕辛苦，充满责任感”，一直探索追求，使得长江公司越做越大：1958 年开始涉足房地产业，1979 年收购和记黄埔，使“长江”集团成为第一个控制英资大行的华资财团。1986 年，李嘉诚进军加拿大，购入赫斯基石油 50% 以上的股权，现在他的经营范围已经遍布全世界五大洲。纵横商海五十多年，从一穷二白，发展至连续多年稳居世界华人首富宝座，对于做人和做事业，李嘉诚形成了一套独有的人生哲学。“富贵”之后，他没有自认为是华人的首富，像时下的房地产商们那样只是想着通过炒作从上班族中“获取暴利”，而是心怀悲天悯人之情，想到“世界上有很多不幸的人”，一直尽心尽力热衷于公益事业。他在 20 世纪 80 年代创办了李嘉诚基金会，用以支持教育、医疗、文化以及公益事业。之后，他又创办了汕头大学，先后共捐资逾 20 亿港元，该综合性大学设有医学院及 5 所附属医院。另外，基金会还推行了一系列的医疗扶贫计划，包括免费为残疾人装配义肢、扫盲复明行动和为兔唇孩子做手术，同时还在全国施行“宁养医疗服务计划”，给那些贫苦无助的晚期癌症患者送去温暖和关怀。李嘉诚的责任观体现了他的人生价值，获得了社会各界的尊敬，他也从中收获了人生的快乐。

整体化——企业文化培训化的方法与工具

企业文化的好坏并不是学来的，而是“悟”来的，需要高层管理者具备优秀的领导能力和管理水平，以身作则，大力推行；中层管理者能够理解并贯彻实施；基层人员则能够把企业文化的各种理念体现在自己的工作中。由此看来，企业文化的培训形式不能一概而论，必须分层级和部门进行，否则就不会有好的效果。

1. 企业文化培训化的主要内容

（1）企业对待员工的方式与提供的配套措施，如企业如何为员工提供的福利、为员工实现个人价值创造的环境、个人在企业的发展前景等。

（2）突出企业的文化愿景、战略及核心价值观。

（3）为企业的发展做出过卓越贡献的故事与案例，让员工们在一种身临其境的过程中学习企业的文化。

（4）文化对企业发展的重要性及与企业文化保持一致的方法与重要性。

（5）企业员工的行为准则。

2. 企业文化培训化的方法

（1）突出文化的作用与文化建设的重点，让大家在第一时间就对企业的文化有一个比较系统的认识，并树立一种必须在行动、思想上与企业保持一致的意识。此项工作必须由一个比较了解企业发展历程、战略思想及企业文化精髓的资深员工来完成，内容包括企业的发展历程、企业文化的核心及形成的一些行为、制度文化和有效的文化建设方法与载体。

（2）避免员工工作了两三年还不知道企业高层管理人员是哪几位，更无从了解企业高层对员工的态度与思想。如果让员工在进入企业时就与高层领导见面，会让他对企业及企业高管产生一种亲切感，在第一时间树立一种为公司服务的意识。

（3）准备一份优秀的学习性文本，最好有一份全面介绍企业各方面情况的《员工手册》，让员工可以随时随地进行学习，对自己的思想与行为进行调整和约束。

（4）为每一名新进的员工指定一名合适的入职指导人，加强对新员工入职的指导。

（5）动态信息掌控。每隔一段时间对新员工进行一次互动交流，如适当安排部分员工的座谈会、进行问卷调查等，了解员工在融入企业过程中所遇到的问题，进行有针对性的帮助与教育。

建设企业文化不能靠模仿，否则企业文化会像影子一样显现不出来。所以，企业文化必须分析整合不同的价值观念，精心提炼出最适合本企业发展、最有价值的精神。在进行企业文化培训时，也需要形成个性，要针对不同层级和职能的人，设计不同的培训内容。

从企业的层级来看，高层需要了解企业文化的本质、与传统文化的关系、与战略和核心竞争力的关系、如何实施文化变革等内容；中层的侧重点在于如何在领导下属、实施考核、团队建设中体现企业文化，即企业文化与管理技能的结合，没有优秀的领导技能就无法传扬企业的文化；而基层人员则更需要理解本企业的企业文化理念，以及如何在工作中体现出企业文化；新进人员需要认识企业的历史和文化、先进人物事迹、行为规范等。

从企业的职能来看，不同部门对企业文化的需求也不一样：人力资源部门需要了解企业文化与招聘、培训、考核、薪酬、激励、奖惩、任免等工作的有机结合；生产部门需要了解企业文化如何体现在工艺设计、质量控制、流程改造、操作规范等环节；财务部门则需要了解企业文化在投融资、预决算管理、成本控制等方面的应用；营销部门需要了解企业文化与品牌建设、促销推广、广告公关等内容的关系；其他部门的文化培训也应该有不同的侧重点。由此可见，如果没有针对性，实行“大锅烩”式的企业文化培训，往往没有效果。

企业文化培训是一项系统工程，必须加强管理，建立健全责任机制和激励机制，形成系统全面的组织保证体系。在企业文化中，管理者是企业利益的代表者，是下属发展的培养者，是新观念的开拓者，更是规则执行的督导者和坚定的执行者。在企业文化培训中，企业管理者起着决定性作用，搞好企业文化培训，关键在于管理者，特别是各部门的一把手。如果没有管理者的以身作则，要想培育和巩固优秀的企业文化是相当困难的。这就要求企业文化的培训首先要提高企业各级管理者的素质，充分发挥其在企业文化建设中的骨干带头作用。管理者的政治素质、精神状态以及对企业文化建设的认知程度直接影响着企业文化培训的作用和力度。只有把企业管理者的示范作用、主导作用和战略思考同广大普通员工参与的基础作用、主体作用、扎实工作有机地结合起来，才能使企业文化真正融入企业中。

企业文化培训的目的是要提高员工的综合素质，促进企业的可持续发展。要使企业文化培训能长期持续地发挥作用，就必须建立一套符合企业实际的企业文化培训体系。建立一套完整的适应自身企业文化培训体系的基本步骤是：第一，对本企业现状进行系统的调查研究，把握住企业文化建设的重点；第二，拟定出企业文化建设的构想，组织专家论证和员工讨论；第三，确定企业文化的基本元素，而后依据岗位不同分解为相应的要点，从而建立完整的企业文化培训体系；第四，广泛宣传，形成舆论，使企业文化培训体系渗透到每一位员工的头脑里；第五，编制规划，分步实施，实现管理的整体优化。

自我驱动——企业文化激励化的方法与工具

在企业管理中，如果企业文化未能被充分利用起来，即使有再好的管理工具和管理方法，也难以取得满意的效果。因此，激励机制的建立和完善对现代企业的发展尤为重要，企业文化必须关心激励因素的作用，并创造性地运用它们。

企业文化能够对员工产生激励作用的原因是多方面的，主要有两大因素，即良好的组织环境和有效的精神激励。

1. 实用、有效的企业文化会为员工提供一个良好的组织环境

这是因为在诸多的激励方式中，组织环境的好坏与激励效果如何密切相关。如果某个企业拥有良好的企业文化，那么该企业的员工与员工之间、员工与领导之间就会比较和谐，员工的工作热情就比较高。通过耳濡目染，员工很快就能具有执着的事业追求和高尚的道德情操，会把对企业的发展与自己的成就密切结合起来，从而能够以饱满的状态进行工作。那种互相钩心斗角，为各自利益争斗的事情就比较少，工作绩效自然提高。并且，在良好的企业文化氛围内，员工的贡献能够得到及时的肯定、赞赏和奖励，从而使员工产生极大的满足感、荣誉感和责任心，以极大的热情投入到工作中，激励效果显著。

2. 良好的企业文化能够满足员工的精神需求，达到精神激励的目的

某心理学家认为，使用外部条件的激励方法（如奖金、职务等），虽可以激起员工的工作热情，但未必能使员工长期保持积极性。只有从员工的精神进行激励才能真正调动起他们的积极性，换句话说，实行精神激励比许多物质激励更有效、更持久。对员工来说，良好的企业文化其实就是一种内在激励，它能够发挥其他激励方式所起不到的激励作用。比如，企业文化能够综合发挥目标激励、领导行为激励、竞争激励、奖惩激励等多种激励手段的作用，从而激发企业各部门和员工们的积极性，这种积极性同时也成为企业发展的根本保证。

具体来说，企业文化激励包括以下 6 个方面的内容。

（1）物质激励制度。这是能够调动员工积极性的各种奖酬的根本，通过改变特定的奖酬与特定的绩效之间的关联性以及奖酬本身的价值来实现。实行工资制度改革，把员工的工资收入与其综合能力、岗位责任、业务总量、工作质量、贡献大小以及各部门的全面经营挂起钩来，打破奖罚上的平均观念，拉开员工之间的收入距离，体现工效制度，对工作表现突出、受到表彰奖励的先进者给予物质重奖以及其他相关方面的奖励。把员工个人利益与企业利益联系起来，调动员工对企业的热情。

（2）精神激励制度。倡导企业的精神，激发员工们的职业荣誉感、责任感和进取心，让每一名员工以“我是企业的主人”为荣。树立先进集体和个人的典型，以推动员工们学先进、赶先进的热情，举办企业文化活动，让员工们感受精神的温暖，增强凝聚力，使他们安心工作，乐于奉献。

（3）目标激励制度。企业要以永久发展为目标，从正确面对目前激烈竞争的市场、迎接遇到的挑战开始，策划好企业的发展目标。让每一位员工了解企业的工作目标，引导他们为企业目标做出努力。把目标管理的压力转变成员工们的工作动力，让他们看到企业的前景和目标。

（4）表率激励制度。制定出规范、统一的管理者行为，加强对管理者的日常工作、生活等行为要求，加强廉政建设，进行定期的监督、评议，使干部管理者真正成为本企业和员工们的表率。通过管理者身先士卒、廉洁奉公的模范行为，激励员工们为企业多做贡献。

（5）民主激励制度。要坚持发扬民主管理的好传统，通过员工代表大

会倾听他们的意见和要求，通过工会、职代会、共青团组织反映员工们的心愿。坚持民主集中制原则，讨论决定事项最大可能地听取员工的意见。通过这些做法，管理者与员工融洽相处，增进相互感情交流，能够有效地激励他们同心同德。

（6）机制激励制度。实行人事制度改革，实行全员劳动合同制、领导竞聘制、岗位竞争制，让全体员工既有压力，又有动力；用人不讲资历、凭关系，要唯真才实学是举。

以上 6 个方面的制度和规定都是激励机制的构成要素。一个比较健全的激励机制应该完整地包括以上 6 个方面，只有这样，企业才能进入良性的发展状态。

优胜劣汰——企业文化考核化的流程与方法

企业文化的优劣，是有一个考核流程的。企业文化考核的一大前提，是分清纯粹文化和应用文化。纯粹文化是从文化学的角度来研究和实践企业文化，应用文化是从管理学的角度来研究和实践企业文化。只有在应用文化这个领域内，将企业文化视为一种管理手段，才谈得上进行考核的问题。

企业文化考核有以下 4 个要点：

1. 文化考核考什么

到底是考核企业文化本身，还是考核企业文化建设工作，还是考核企业文化带来的效果？这是涉及将来的考核指标选择的问题。

2. 考核如何兑现

按照绩效考核的理论，考核如果没有兑现的话，这种考核是没道理的。考了半天，既不跟名挂钩，不跟钱挂钩，也不跟职位挂钩，就不会被重视。考核兑现问题，涉及考核什么、考核谁。

3. 考核如何量化

这就涉及是只考核结果，还是既考核结果又考核过程的问题。文化考核可能是既考核过程又考核结果。考核过程可能是考核文化建设的主动性、文化建设方法的适用性、文化建设的程度、规律的符合情况等；考核结果就是把结果考核指标拿出来，随经济指标一起考核，绩效考核选取的指标本身就是企业文化效能的考核指标，两者是重合的。

4. 什么时候引入企业文化考核

很多企业正处在有意识进行企业文化建设的起步阶段，处于从文化自发到文化自觉的提速阶段。这个时候进行文化考核，恐怕是有点儿勉为其难的。文化考核应该是在有意识地建设企业文化告一段落，真正从文化建设到文化管理迈进的第一阶段，可逐步引入。

附：

某企业文化建设目标责任书

根据企业文化建设全面推进实施规划，拟在机关各部门企业文化团队建设示范点进行先期导入。为切实保证示范点各项文化建设措施落实到位，积累经验和树立标杆，更好地使企业文化各项建设工作在机关各部门全面推广实施，特制订本目标责任书。

一、责任单位及责任人

1. 责任单位：机关名部门

2. 责任人：机关各部门负责人

二、企业文化示范建设周期

比如，企业文化示范建设周期为 2012 年 1 月 30 日至 2013 年 1 月 31 日。

三、示范点建设达标目标

（一）示范建设达标目标拟定为两个等级，即达标和基本达标。

（二）责任人确定自行选择达标目标等级：□达标　□基本达标

评估维度	权重分数	考核方式	评分标准	考核部门
1. 学习目标 2. 行为目标 3. 机制目标 4. 物质目标 总分	30分 30分 20分 20分 100分	详见企业文化建设方案	详见企业文化建设方案	企业文化推进小组

达标A：单位人员考核平均得分90分以上

基本达标B：单位人员考核平均分80～89分

未达目标C：单位人员考核平均分70～79分

远低目标D：单位人员考核平均分70分以下

四、企业文化示范建设期内文化建设的达标任务及评分标准

（一）学习维度目标

1. 负责监督机关各部门90%的员工对企业文化理念、核心价值观、企业使命、企业愿景、企业精神、团队精神的内容与诠释内涵，通过考核平均分值在90分以上。

2. 负责监督机关各部门90%的员工，熟知服务礼仪相关知识的目标，通过考核平均分值在90分以上。

（二）行为维度目标

1. 负责监督机关各部门按照服务礼仪标准要求，100%的员工实现着装规范达标。(从机关各部门统一发放服装之日起执行)

2. 负责监督机关各部门限时服务管理制度的落实：主管理领导与各部门之间、部门与部门之间、一线员工与各职能部门之间反映递交的各类信息，实现限时服务管理制度。

（三）机制维度目标

1. 月度朝会

负责监督机关各部门全体员工每月定期召开一次月度朝会，对上月工作进行总结与表彰，下月工作进行部署与改进。

2. 述职会、述学会机制

负责监督参加机关各部门文化建设示范单位月度述职会和述学会议，严格按照述职会、述学会具体要求执行。

3. 负责监督机关各部门月度明星风采评比、周文明形象展示活动

每周开展文明形象展示活动，月度明星风采评比活动，评比产生的优秀员工将照片和事迹张贴在明星风采榜、文明形象榜。

（四）物质维度目标

1. 负责监督机关各部门企业精神、企业愿景、企业使命等企业文化理念100%标识上墙。

2. 电子屏幕、屏保、桌面、文件柜统一规范化。

3. 办公环境保持整洁。

五、目标达成奖励方案

（一）奖励

1. 凡在规定时完成所分管部门的达标，奖励责任人3000元现金。

2. 凡在规定时完成所分管部门的目标基本达标，奖励责任人2000元现金。

（二）处罚

凡在规定时间不能完成以上目标，党委班子成员每人处罚1000元现金。

六、附则

（一）责任目标书由机关各部门推进小组负责解释，如机关各部门内外部客观环境出现重大变化，可以修订或补充条款。

（二）机关各部门企业文化推进小组，负责监督目标责任书的实行和最终考核工作，对机关各部门理事长进行考核。（考核试题由企业文化推

进小组统一出题)

(三)目标责任书由机关各部门企业文化推进小组签章和责任人签字后生效。

(四)本目标责任为2013年达标责任书，2014年目标责书任由机关各部门文化推进小组另行制定。

(五)目标责任书一式两份，企业文化推进小组和责任人各一份。

推进小组代表(签章)：__________ 责任人(签字)：__________

________年____月____日 ________年____月____日

案例

IBM：“让大象跳舞”的案例启示

郭士纳在IBM的成功经历体现的是一个成功的公司重组、转型的过程。此时，变革管理的运用与执行是至关重要的。那么，郭士纳是如何完成IBM的战略转型，又如何让“大象”跳舞的呢?

首先是变革管理进程。郭士纳具有丰富的管理咨询和企业经营经验，他明白作为一名“空降人员”，在一个大企业中实行变革管理不仅需要魄力，更需要艺术。

郭士纳认为，首席执行官的任务就是在危机中与员工进行沟通与交流，告诉他们危机的范围、严重性、影响，以及员工应如何终止危机。此后，郭士纳按优先顺序对改革过程进行计划。他只用很少的时间来找出问题，大部分时间、精力和关注点都用在解决问题和采取行动上。郭士纳先着手解决的是IBM的财务困难，确定了上任后的五个优先任务，即暂时冻结流动资金、确保能在1994年实现赢利、开发和实施1993—1994年的关键客户战略、在第三季度开始的时候完成精简裁员任务、开发一个中期商业战略。

其次是战略思考。郭士纳对 IBM 转型的战略思考分为四个方面。一是分拆还是保持完整性。在公司内外主张分拆 IBM 的前提下，郭士纳坚持保持公司的完整性。他认为，虽然 IT 行业专业性发展暂时居于上风，但提供多样化产品与服务是 IBM 的竞争优势，分拆 IBM 其实是个自断臂膀的举动。所以他极力主张保持公司的完整性。

二是集权与授权。当郭士纳接任 IBM 大权时，公司存在着两股重大势力：海外分部与产品事业部。为顺利推行改革措施，需要平衡决策权下放和中央决策之间的关系。为此，他对公司机构进行了重组，突破地域分割、各自为政的情况，同时废除了“管理委员会”，创建了“执行委员会”，改变了 IBM 的权力结构。并且，他主导招聘财务总监、人力资源总监等高级管理者，给予充分的授权，为改革储备了坚实的人才基础。

三是关于产品导向、客户导向、服务导向。IBM 虽然引领同行业多年，但其主要营业额却是来自于主机、服务器业务及相关服务产品。由于多年以来始终处于垄断地位，使其所谓的客户服务成为空话，20 世纪 90 年代初 IBM 的经营策略实际上其实就是产品导向。关注自身利益，忽视客户需求，这是 IBM 一个急需解决的问题。郭士纳力主“一切以客户为导向，把 IBM 转变成一家以市场为驱动力的公司，而不是一家关注内部的、以流程为驱动力的企业”。同时，他逐步将 IBM 引导到服务型主导模式，他说：“如果顾客将需要一个集成者来帮助他们设想、设计和建立一个终极的解决方案，那么扮演集成者角色的公司就将对整个技术决策发挥着极其重要的影响作用——从主机、设备到硬件和软件选择。”他将服务的定义改成了“从仅为主要产品业务的一种辅助和延伸到代表客户利益为顾客提供一揽子解决方案”。

四是关于战略方向——独立计算将让位于网络化计算。虽然当时个人 PC 风头正劲（即使到现在也还是这样），郭士纳及其团队却认为，个人电

脑的地位将被取代，一个非常快速和高速的网络将拓展个人电脑的众多功能。源于这个理由，郭士纳说："如果我们真的相信个人电脑时代行将结束，那我们又为何要倾注我们所有的精力、资源以及形象去进行昨天的战争呢?"因此，他决定放弃与微软、英特尔的正面市场竞争，放弃对 OS/2 操作系统的开发与推广，转入重点开发网络计算设备及相应的被郭士纳称为中间构件的软件。

再次是企业文化。IBM 原有的企业文化深受创始人老沃森的影响，其基本信条是：精益求精、高品质的客户服务、尊重个人。

郭士纳发现，IBM 原有的文化已渐渐转化成教条，并慢慢失去其原有意义。以着装文化为例，IBM 原有最初给人印象深刻的是员工那一身黑色正装和白色衬衫。这么做的初衷是要传递一种信息，即尊重自己的客户，并着装整齐。但后来，随着岁月的更新，着装规范保留下来了，而沃森所发出的与客户相关的信息却被遗忘了。郭士纳在执掌 IBM 之后，立即废除了这项着装规范，特别强调：根据时间和场合以及要会见的客户的不同来决定你的着装。慢慢地，郭士纳巩固了 IBM 公司新的文化理念：不仅实质重于形式，而且以原则而不是以规则来引导，再加上由员工自己来改变文化。这些理念的形成与 IBM 公司自身的特质及当时市场的发展状况是相适应一致的。换句话说，文化方面的成功变革极大地促成了 IBM 的成功改革。在文化改革方面，郭士纳的体会是："公司文化并不仅仅是游戏的一个方面——它就是游戏本身!"

最后是薪酬机制的改革。工资待遇事关广大职工的切身利益，谁也不会放弃。IBM 以前实行的是家长制的薪资福利制度，公司的一项职责是让员工过得好。所以实行了平均工资制（高级员工与普通员工的基本薪资相差不大）、固定奖金、内部标杆和津贴。这种薪酬机制是与 IBM 当时的市场地位与经营状况相适应的。但在 20 世纪 90 年代初期，IBM 已经出现了经营困难，销售不畅、业绩下滑，如果再实行这样的福利制度将会导致公司走向灭亡。为此，郭士纳实行了新的薪酬机制，即有差别、活动奖金，以外部为标杆，以绩效为基准的绩效工资制，员工的浮动工资与公司的整体绩效直接挂钩，不论员工的忠诚度和资历如何。同时，他放开了股票期权，首次向数万名员工授予股票期权，让他们的关注点放在同一目标上，放在同样的绩效记分板上，以期权留住关键员工。

薪酬机制的实施改革，再次强化了 IBM 战略决策的推行与实施。

第七章

传播——企业文化进行全方位的推广和扩散

办几次职工晚会，上大街发几次广告传单，就是文化传播？建设健康向上的企业文化，必须从改变沟通方式开始。没有简洁的沟通方式，就没有简洁的推广方式，也就没有简洁的办事效率；没有简洁的办事效率，高效的经济效益就无从谈起。

简而生力——企业文化口号化的作用

企业文化口号相当于企业的灵魂，是一切企业经营活动的方向，是企业行动的思想目标，在企业发展中起着无法替代的核心作用。如同一个国家、一个民族必须有向心力才能发展、壮大，一个企业也需要有向心力才能走向成功。有人认为，企业文化建设只能在企业良好运营时进行，当企业出现问题时，就不能再去搞文化建设；还有人认为只要做好了企业内部文化建设就行了。殊不知在文化管理时代，文化的影响涉及企业行为的多个层面，企业文化的概念还应包括对外界的宣传，让外界了解公司的经营理念与文化，以寻求更大的社会价值认同。

把企业的整体价值观和经营理念以标语的形式张贴在办公室或生产车间内，对员工的行为准则和思想行为进行时时教育、处处纠正，对员工能起到很好的规范和引导作用，同时美化办公环境，展现公司文化内涵和提升公司形象。

企业文化口号的作用主要体现在以下几个方面：

1. 导向作用

企业文化口号对员工的价值观取向及思想行为具有引导作用，主要体现在两个方面：一是对员工的思想行为具有导向功能，二是对企业的价值观和行为起导向作用。这是因为一个企业的企业文化一旦形成，就建立起了自身系统的价值观和规范标准，如果员工在价值观和思想行为上与企业文化的标准发生背离情况，企业文化标语会将其纠正并引导到企业的价值观和规范标准上来。

2. 约束作用

企业文化口号对全体员工的思想、心理和行为具有约束和规范的作用。企业文化的约束不是制度式的硬性约束，而是一种软性的约束，这种约束源于企业的文化氛围、群体行为准则和道德规范。群体意识、社会舆论、共同的习俗和风尚等精神文化内容，会引起强大的从众化的群体心理压力和动力，使全体员工产生心理共鸣，继而达到行为的自我控制。

3. 团结作用

企业文化口号的团结作用是指当一种价值观被全体员工一致认可后，就会成为一种聚合力，从各个方面把员工们团结起来，从而产生一种巨大的向心力和凝聚力，使全体员工从内心产生一种高昂情绪和奋发进取精神的效应。它以尊重人为中心内容，可以满足全体员工的多种需要，并能对各种不合理的需要用它的软约束来调节。积极向上的思想观念及行为准则会形成强烈的使命感、持久的驱动力，成为员工增强向心力的一种有效工具。

4. 辐射作用

企业文化口号的形成有其特定的方式，它不仅会在企业内部发挥作用，对所有员工产生影响，而且也会通过各种渠道（宣传、交往等）对外界产生影响。企业文化口号对树立企业在社会中的形象很有帮助，良好的企业文化对社会的发展具有强大的感染力。

5. 品牌作用

企业文化口号是构成企业品牌形象的基本要素。企业品牌展示企业的形象，企业形象是企业文化内涵的综合体现。企业文化是企业发展过程中逐步形成和培育起来的具有本企业特色的企业精神、发展战略、经营思想和管理理念，是所有员工普遍认同的价值观、企业道德及其行为规范。企业如果形成了一种与市场相适应的企业精神、发展战略、经营思想和管理理念，就能产生强大的团体向心力和凝聚力，激发所有员工的积极性和创造精神，从而推动企业的持续发展。企业文化是企业长期经营与管理积累的价值所在。因此，我们要建设具有综合竞争力的大型企业，就必须坚持企业文化建设。

以下为常见的几类企业文化标语：

1. 励志、激励类标语

（1）实干出精英。

（2）志在成功，方能成功。

（3）不忘初衷，方得始终。

（4）市场竞争不同情弱者，不创新突破只有出局。

2. 企业文化类标语

（1）学习、创新、超越。

（2）锐意进取，厚德载物。

（3）心态决定状态，思路决定出路。

（4）没有完美的个人，只有完美的团队。

3. 价值观类标语

（1）产品就是人品。

（2）一次为客，终身为友。

（3）人正则立，品正则兴。

（4）需要理解的是客户，需要改进的是自己。

（5）有能力没发挥等于零，有目标没执行等于零。

以事动人——企业文化故事化的方法与工具

在企业管理中，管理者要学会操作企业文化，喊口号是远不能解决问题的，要学会运用打造企业文化的实操工具，包括故事、仪式、庆典、标识、语言、场景、服饰，并且借助制度和培训等，最终，企业才能得以传递核心价值观，表达愿景，制造氛围，提高士气，实现整体提升的目的。

给新员工讲故事是企业文化实战中最有力的方法，是企业文化建设的重要载体。大多数情况下，这些生动的故事来源于企业员工的工作和生活，简单、形象且生动，辅之以有意识的刻画和引导，具有不可估量的感染力和渗透力；再借助正式的和非正式的渠道传播，影响范围大且快。

在运用故事传播企业文化的时候，必须要回答以下几个问题：故事从哪里来？故事有哪些要素？故事由谁讲？故事如何讲？故事的要点是什么？

1. 故事从哪里来

感人的故事最好来自企业内部，最好就是员工身边的人和事，故事的主角最好是公司的员工。故事离员工们越近，越是为员工所熟悉，其影响力和感染力就越强。比如创办于1963年9月13日的玫琳凯公司里流传的关于首席经销商的故事。

某知名首席（讲述者及听众都是该首席的伙伴）曾穷得连饭都吃不上了。又被她的前夫抛弃，一个弃妇，又没有什么收入，在进入玫琳凯之前，每天只有3块钱的生活费。

刚加入玫琳凯公司时，羞涩的她逢人就低头，一说话就脸红。但她非常勤奋，每天早上8点出门，晚上9点才回家，吃饭经常是饥一顿饱一顿的。她给自己制定了一个制度：每天不面谈10个陌生人，不递出100张名片，坚决不收工。

几年之后，她便买了一套豪宅，开着玫琳凯奖励的粉红轿车。更让人羡慕的是，当年她是被男人抛弃了，今天她“娶”上了男博士。

2. 故事有哪些要素

作为企业文化传播的重要途径，不要为了讲故事而刻意地去编故事，故事本身需要涵盖丰富的企业文化。如玫琳凯公司倡导“信念第一、家庭第二、事业第三”的人生规划，这种规划可以在任何玫琳凯人集会的地方见到。比如上文提到的某首席进入玫琳凯公司之后，不但事业有成，而且

家庭生活产生了质的变化，美满幸福（例如上例中里用了“娶”而不是“嫁”，而且强调对方是博士）。

企业经营是一项很不容易的工作，但故事里并没有直接讲出来，而是用间接的方式委婉地表达（超长的工作时间和超强的工作强度），并给出了解决的途径。确实，羞涩且不主动与人打交道的人多的是，听完这个故事，很多人会想“没关系，首席当时也是这样，我好像不比首席当年差”；“克服困难、努力、付出越多收获越多”。

故事内含的文化要素，除企业倡导的独特的理念和信仰外，还应该包括完成任务所必须具备的态度和价值观，包括努力、热情和坚忍等。

3. 故事由谁讲

有了动听、感人的故事，还需要让所有的员工都了解。讲故事的可以是领导者或培训师，也可以是各种各样的媒体，如报纸、电视和网络等。

大多数情况下，企业创始人的创业经历是企业文化的主要根源地。很多企业创始人的智慧和特殊经历，经由后续加工之后，一些成功的方法便演变成为企业的智慧，成为企业文化要素。因此，成功的企业往往伴随影响力极强的企业家，那些能进入世界500强的企业尤其如此，许多企业创始人本身就是优秀的演讲者。通过演讲，他们将自己的价值观渗透到企业各个层面。

如果故事由企业以外的人讲出来，传播效果会更佳。如使用报纸、电视和网络报道集中发放，只要故事可信，不让人反感，通常影响力会更深、更广。公司以外的独立性越强，品牌影响力越大，信誉越好，效果越佳。比如由媒体传播的海尔砸冰箱的故事：

当海尔还是一家资不抵债的街道小作坊时，因为质量问题，张瑞敏抡起大锤砸了一批好不容易生产出来的冰箱。当时，整个家电市场处于供不应求的短缺状态，砸冰箱显得那么不近乎人情，似乎也没有道理。然而，冰箱确实砸了，不但砸了，而且砸出了满城风雨，砸得沸沸扬扬，砸上了媒体，砸进了每个海尔人的心里，也砸出了消费者对海尔的信赖。

4. 故事如何讲

故事的传播有两种渠道，一种是正式渠道，另一种是非正式渠道。正式场合讲故事，可以事先设定，容易控制；非正式渠道的故事不太好控制，但影响力却不容忽视。

企业家富有影响力的简短演讲，就是正式渠道传播，也可以扩展到专业培训。故事往往和企业培训联系在一起，通过各种培训，故事的传播得以发挥。企业文化要想取得良好的推广效果，必须加上完善的企业内训系统，包括专业的企业文化培训。通过企业文化培训，培养企业文化内训师，让更多的人理解企业文化，解释企业文化，诠释故事；另外，利用故事和其他工具直接传递企业文化要素。目前，成功的各大直销巨头大多是这样做的，传统企业更是发展到成立各自的大学，如 IBM 大学。

5. 故事的要点是什么

企业文化中的故事，至少包含三个要点：

（1）故事的真实性。故事反映企业员工真实的工作情况和生活情况，是真实的故事，不能有虚构。一旦其他员工怀疑故事的真实性，甚至根本认为这是假的，这样的故事即使有再多的企业文化要素，也不能讲，否则会适得其反。当然，真实的故事并不排斥加工，但故事要在真实的前提下经适度的润色，才会更加生动而富有感染力。

（2）故事的典型性。真实的故事可以使人感动，引人深思，同时故事内容也是企业的价值观。比如，笔者曾经担任过顾问的一家国内民营企业，在年终集团晚会上，有这么一个由真实的销售团队奋斗的故事编导而成的小品，让容纳上万名员工的会场响起了十几次持久不息的掌声，最后全体起立向台上这几位既是演员又是故事真实的主人公深深地鞠了三个

躬。这个故事讲述的是，该集团的一个销售小组为了抢下海外一家全球知名品牌的供应商资格，这个小团队集体到这家公司义务打扫办公楼整整一个月，这个月里的每一天都伴随着异样的眼光和或褒或贬的议论，团队成员由不认同这种行为到认同、到坚持，直到最后，因为团队的这种执着的精神深深感动了这家知名公司高层领导，不但赢得了长年的订单，为此还赢得了客户的尊重和信赖。该知名公司将这支小团队立为他们集团的榜样团队。

这个小品演出之后的第二年，这家民营企业捷报频传，海外知名品牌订单不断，董事长感慨地说："榜样的力量是无穷的!"

（3）故事的实时性。陈旧的故事会让人觉得如同喝白开水一样，或者干脆置之不理。当然，这并不意味着老故事都无效，如时隔多年，张瑞敏砸冰箱的故事至今仍具有相当的影响力。记住，典型的故事存在于企业内部，并且仍将发生，需不断收集、丰富。

畅听无限——企业文化沟通化方法与工具

有什么样的企业文化就有什么样的沟通方式。企业的沟通方式就是企业文化最直接的反映。崇尚互相信任、互相尊重的企业，沟通一定简单；迷信权力、区分等级的企业，沟通一定复杂。笔者到过的企业不多，但还没有发现超越这一规律的。

在那些缺乏企业文化的企业中，沟通成本极其高昂，其经济效益及员工工资、福利待遇也好不到哪里去。笔者还没有见过沟通成本高、管理效率也高的企业，二者通常成反比。

为什么说企业文化决定沟通方式呢？这是因为企业文化中的价值观，时时影响着员工们的思想和行为。中国的企业深受传统文化的影响。封建文化几千年，教人沟通一句话：少说为佳。如言多必失、沉默是金等。

任何事物都有两面甚至多面性。少说话对于那些无事生非的长舌妇、挑拨离间的是小人完全必要，并且很有必要！一个企业有一个这样的人，就会让大家头疼；有两个这样的人，就会让大家害怕；有三个这样的人，足以让这个单位的人疯狂。对于这样的人，企业必须用制度封住他们的嘴，否则就干脆清除他们——让他们从企业离开。

当然，有的企业负责人就希望企业有两三个这样的人，让大家人人自危，免得大家对老板随心所欲的决策说三道四。企业沟通的正式渠道不畅通，非正式渠道则往往传播速度极快。也就是正事、正义不彰显，歪事、谣言满天飞。企业如此，谁之过？始作俑者是管理者。

有人说企业文化就是老板文化，从一定层面上讲，是有道理的，尤其是在创始人阶段。但在企业的发展过程中如果一直以老板文化为企业文化，那么对企业的健康发展是不利的。

对于如何建设企业文化也是众说纷纭。在此，笔者提供一个最简单易行的方法：明确告诉企业全体成员企业赞成什么、反对什么、提倡什么、打击什么、希望什么、讨厌什么，并把这些要求明文规定出来，这就是建设企业文化的第一步，也是企业文化建设的核心，而不是编手册、挂标语、改厂标、做厂服（虽然这也是企业文化建设的一部分，但绝不是全部，更不是首要任务）。我们提倡什么样的沟通方式，我们反对什么样的沟通方式，也要在企业内部做出明确的规定，老板和高管们身体力行，不给打小报告的人以机会，不给直接沟通的人穿小鞋，不让两面三刀的人有生存土壤，不让搬弄是非的人有活动空间。这样，企业的正气就会上扬、邪气就会下降，企业的沟通就会顺畅，企业办事的效率也会明显提高。

企业文化的实施与执行，关键在于企业中层的执行力，有了核心思想，没有精英团队的上传下达、辛勤耕耘，就好似大树的根须扎不进泥土，盘不牢根基也吸收不了养分。企业里的主题班会也好，深度交谈也好，没有干劲十足的乐意主持者，没有思维活跃的激活气氛者，没有心灵

相通的坚定支持者，什么会都是“竹篮子打水一场空”。这就是为什么有的企业大会小会一起上，员工红红火火，运营顺顺畅畅，而有的企业会开了白开，“赔了金钱又‘晒’了时间”。

建设健康向上的企业文化，请首先从改变沟通方式开始。没有简洁的沟通方式，就没有简洁的办事效率；没有简洁的办事效率，就没有企业活力；没有企业活力，就没有经济效益。

广而告之——企业文化广告化的方法与工具

企业文化广告基本上可以分为三大类：一是展示企业规模和实力的广告，比如方太集团的“有方太就有好厨电”的电视广告；二是公益广告；三是活动类广告，借助企业的某项活动，如周年庆典、赞助活动、会议展览、重要促销等来展示公司的形象。

需要特别注意的是，普通的产品或者品牌广告之中，往往在展示公司名称的时候，附带一句“广告语”，这句话是企业形象的集中体现，如诺基亚的“科技以人为本”、宝洁公司的“宝洁公司、优质产品”、海尔的“真诚到永远”等，就是对企业文化的展示。

企业文化还可以提升企业的品牌形象。品牌的知名度、美誉度和忠诚度都需要深厚的文化底蕴，中国大多数白酒企业为什么总在低层次竞争？就是因为没有自己独特的品牌文化，而品牌文化来源于企业文化，没有深厚的企业文化，怎能有深厚的品牌文化？企业文化广告化可以从下面几个方面入手。

1. 核心价值观

核心价值观是企业秉承的核心观念和经营原则，比如“科技以人为本”“顾客永远是对的”“追求卓越”等。任何优秀的企业文化都不可能不重视顾客，关键是如何把这样的理念传达给顾客，让顾客感受到。

诺基亚的文化核心是“以人为本”，海尔的是“真诚”，菲利普的是“追求更好”，但是它们的企业文化并没有直接这么表述，而是用一种“广告的语言”，更能够引起顾客的共鸣，如诺基亚的“科技以人为本”、海尔的“真诚到永远”、菲利普的“让我们做得更好”。

联想标识中的“科技创造自由”这句话，也反映了联想的企业文化，那就是以科技为基础，注重创造性，并且能为顾客创造更大的价值——“自由”，这句话深刻地体现了联想地企业价值观，并且用一种生动富有内涵的话加以表述，让人回味。

2. 使命或宗旨

在企业文化广告中，为了展示企业的实力和责任感，也可以用企业使命或宗旨来传达企业的文化。

比如著名的惠普公司，他们的文化非常优秀，被称为“惠普之道”。惠普文化里非常重要的部分就是崇尚科技，希望通过不断创新的科技来满足顾客的需求。因此，惠普标识中有个词叫做“invent”，就是“创造”的意思；另外，在其形象广告中，“惠普科技、成就梦想”这句话也放在非常醒目的位置，不但是为了打造品牌形象，更重要的是为了弘扬企业的文化。

再如汇丰银行的形象广告中“环球金融，地方智慧”的主题，也是对其企业文化的阐释，表明了自己全球视野和本土化的经营宗旨。

3. 愿景和目标

企业的愿景和目标是企业对未来的展望，可以用来展示企业的远大理想和气魄，比如格兰仕的愿景是“成为全球名牌家电生产制造中心”，格兰仕在其标识上清楚地表明自己是“全球制造、专业品质”，这句话是其企业文化的核心代表，反映了企业的远大理想。

4. 经营理念

企业的经营理念是个比较宽泛的概念，包括企业的质量观、人才观、

营销观、成本观等，是企业经营管理的指导原则。企业选取哪些部分对顾客进行传达，取决于企业的品牌定位，不能一概而论。

如在电视中播放的红塔集团的形象广告——“山高人为峰”，画面大气自然，寓意深刻，是红塔品牌和企业文化的集中体现，既反映出红塔集团气吞山河的气魄，又反映出企业“以人为本”的经营理念，同时，还体现出企业不怕困难、拼搏进取的精神，是一个比较成功的形象广告与企业文化相融合的榜样。

企业文化在广告中的作用，不应该是可有可无，而应该是画龙点睛；不应该是可多可少，而应该是简练深刻；不应该是可深可浅，而应该是具有文化底蕴。形象广告成功的关键就在于能做到“画龙须点睛，润物细无声”。

企业文化要有画龙点睛的作用。李宁公司的形象广告做得很有特色，广告语“一切皆有可能”就是点睛之笔，让人耳目一新，是其品牌特征、企业文化与企业形象的有机融合。李宁公司的文化是致力于“通过专业化的高品质产品，传递积极、健康的生活理念”，提倡“体育运动精神和进取精神”，崇尚“挑战自我，超越自我”，因此，李宁公司的“一切皆有可能”很好地展示了公司的文化。但是很多企业的形象广告欠缺这样的点睛之笔，没有从文化的角度进行阐释，缺乏深度，又怎么能让大众了解企业的品牌和文化呢？

企业在做形象广告时，可以在企业文化中挖掘，确定主题。比如价值观、愿景、经营理念等，关键是要综合这些思想，形成独特的表述，如李宁公司的“一切皆有可能”、菲利普公司的“让我们做得更好”、丰田公司的“有山必有路，有路必有丰田车”等。

广告中的企业文化，要讲求平衡，既要展示出企业的文化和实力，又要发人深省，语言真挚感人，达到“润物细无声”的境界。

要志存高远。形象广告是公司向外界的一种展示和宣扬，一定要有气魄和胸怀，如奥迪汽车的“突破科技、启迪未来”。

要充满情感。情感是企业与客户沟通的最佳手段，只有让顾客感觉亲近，才能形成对企业的认同。如海尔集团的“真诚到永远”、娘家珠宝的“只为最爱”、别克汽车的“比你更关心你”、中国电信的“用户至上，用心服务”。

要充满创意。并不是说可以天马行空的任意表述，而是要依据企业的文化和品牌特征来进行创作。如米其林轮胎的“新一轮体验”、中堂魅力女子学堂的“智慧一个女人，幸福三代人”等。

企业最高层次的管理是文化管理，最高层次的营销是文化营销，要将企业文化凝结在企业品牌和企业形象的塑造中，需要企业管理者们深刻理解企业文化的本质和内涵，将文化、品牌和企业形象三者有机结合起来，这样才能通过文化的传播提升企业的价值。

量变质变——企业文化重复化的流程与方法

企业文化传播是企业通过各种媒介向内部员工和社会大众传递自己的企业文化的过程。

企业文化的传播与一般文化的传播有一定的共性，但也有自己的特殊性，无论是传播内容，还是传播方式、传播媒介、传播目的，都有很大的不同，因此不能照搬或套用一般文化的传播，而是要研究发现其特有的规律。文化的优势扩散原理告诉我们，越是先进、发达、文明程度高的文化，越容易得到传播和扩散。所以，一个企业的企业文化的传播半径、影响深度与该文化的质量密切相关，是优质文化还是劣质文化，是强文化还是弱文化，决定着企业文化传播效果的好坏。

同一主题应周期性反复，比如用几个星期的时间宣传价值观，几个月后，还可以用一个星期的时间重复同样的主题，再过几个月又要再次重

复。重复是企业文化建设最重要的原则。企业文化传播的目的在于“落地生根”，无法“落地”的文化就只是口号，只有倡导者的激情，却没有响应者的行动。因此，企业文化建设需要通过有效的方式传播，将理念转化为认知与行动，从而确保文化的“落地”。企业文化的传播是通过不同的工具和途径，将已设计出来的企业理念、核心价值观等有针对性、有计划地呈现出来，并为企业内部员工和社会大众所认知、认同。企业文化只有通过有效地传播，才能真正对企业的发展起到促进作用，企业的理念和价值观才能真正融入企业的安全生产和经营管理中去。

传播企业文化的具体意义有四点：一是为企业的发展创造良好的环境；二是为企业创造文化品牌，提升产品或服务品牌的附加值；三是增强客户或消费者对企业和品牌的忠诚度和依赖感；四是以文化的感召力影响社会。企业文化建设的最高境界是让文化理念融在思想里、沉淀在流程中、落实到岗位上、体现在行动中。要达到这一境界，企业文化传播必不可少。根据传播对象的不同，企业文化传播可以分为对内传播和对外传播。

1. 对内传播

企业文化对内传播实际上就是对企业内部职工及管理者进行的企业内部的文化培训、解读、宣传、灌输。企业文化对内传播既具有辅助企业文化形成的功能，又兼有使企业文化得到传承和发扬，从而激发员工战斗力的功能。企业文化的形成、发展、积累都与企业文化对内传播有密切的关系。企业文化对内传播的通道有五个：企业发展过程中的种种事迹、故事案例等，是对内传播的无形通道；将企业文化用语录、标语、口号等形式表达出来，就成为对内传播的有形通道；企业管理者及对下属的要求及个人行为、作风等，构成对内传播的主要通道；企业文化培训、考核、激励机制的制定与实施，是对内传播的重要通道；企业举办的一系列活动、仪式、庆典等，是对内传播不可缺少的通道。

2. 对外传播

企业文化对外传播具有树立企业形象、提高品牌忠诚度和竞争力的功能，同时也兼有推动社会精神文明建设、促进社会文化进步的作用。企业文化对外传播是一种文化交流，不是单向的文化输出。全面、准确地对外展示、传播本企业的文化，在社会公众心目中留下一个美好印象，塑造良好的企业形象，对企业的发展至关重要。对外传播的途径有企业文化的主动输出式传播、企业文化的示范传播、企业文化的交流合作。

企业文化传播活动不能仅仅局限于对上级会议精神的传达，或者一两次文化传播动员活动，而要搞好企业文化传播的整体规划设计，做到设计科学、合理、有效，应当在加强企业文化建设的同时，建立健全企业文化传播的长效机制，保证企业文化传播工作的科学性和实效性。

滞后的、过期的或失效的文化传播活动都是不符合企业文化建设要求的。要建立和完善企业文化信息传递制度，将已经形成的企业文化、企业基本价值观、可持续发展战略、重大举措，通过企业网站、内刊，或者宣传橱窗、板报等形式第一时间传达给企业员工，及时让员工了解，取得员工的支持。

有效的文化传播活动要善于综合运用各种传播手段、技巧与企业配合，搞好企业形象的展示工作。传播者要通过不断传播企业文化，及时发现员工反映出的企业文化建设中的不足，并迅速反馈给企业管理层，促使企业文化不断得到完善。

事实上，企业每一位员工通过实实在在的工作，都会成为一个具有影响力的传播者。他们在日常工作、生活实践中不断地强化文化传播，影响着企业文化的传播效果，决定着企业最终留给社会公众的印象。

毛泽东十一招确保“打土豪，分田地”的最终胜利

让我们一起来回顾一下由毛泽东领导下的这段中国革命历史，解读一下这位伟人是如何用十一招将革命必胜的信念细化、分解、落地并最终取得胜利的。

第一，“星星之火，可以燎原。”在井冈山最困难的时期，一位将来可能会被平反的毛泽东的亲密战友，提出了自己的怀疑：“红旗到底能够撑多久?”毛泽东在回信中写道：“星星之火，可以燎原。”企业要有宏大的愿景和必胜的意志，坚持！坚持！再坚持！

第二，“谁是我们的朋友，谁是我们的敌人，这是革命的首要问题。”不要幻想把你的产品卖给所有的人，只有找到你的目标消费者，产品才能成功。

第三，“没有调查就没有发言权。”市场营销不能“闭门造车”，必须洞察消费者的真实需求。

第四，“从实践中来，到实践中去。”企业要有纠错机制，市场是检验营销的唯一标准。

第五，“农村包围城市。”营销策略制定正确，市场营销要善于“插位”，创造差异化，集中优势兵力，打持久战，在竞争对手最薄弱的环节发起攻击。

第六，“扫帚不到，灰尘不会自己跑掉。”营销要敢于亮剑，终端制胜。大声叫卖，敢于成交，把话说出去，把产品卖出去，把钱收回来。营销就是把复杂的问题简单化，按照销售流程做。

第七，“一切反动派都是纸老虎。”自信是营销人员战胜对手的坚强堡垒。再强大的竞争对手都有软肋，再成熟的市场都有缝隙。只有在战略上藐视竞争对手，才能在战术上战胜对手。

第八，“向雷锋同志学习。”榜样的力量是无穷的，样板市场最有说服力，优秀员工就是内部最佳榜样，胜过外部专家培训。

第九，“为人民服务。”只要视消费者为上帝，消费者才能产生“雷打不动”的品牌忠诚度。

第十，“做一件好事并不难，难的是一辈子做好事，不做坏事。”品牌是坚持的结果。

第十一，“没有文化的军队是愚蠢的军队，而愚蠢的军队是不能战胜敌人的。”企业的竞争力决定于团队的学习力，没有强有力的学习力就没有强有力的竞争力。

第八章

测量——实施企业文化动态调整

“这个世界唯一不变的就是变。”企业文化是动态的、渐进的、发展的，这一特点决定了企业文化建设也是一个动态的、不断完善的过程。应时应势依市场而变，是企业文化成为企业精神永恒不变的规律。

动态渐进——企业文化测量的概念

通过国内外企业文化理论总结和分析，我们可以发现企业文化的基本结构要素是不变的，这就为企业文化测量提供了可能性；另外，通过建立测量模型了解企业文化建设的现状，可以提供实施企业文化动态调整的决策依据，这也为企业文化测量提供了必要性。

企业文化测量是一个动态渐进的过程，在进行企业文化管理的过程中，首先要对现有的企业文化进行定期地诊断、评价和测量，从而准确分析既有企业文化特征，衡量企业文化创新、变革的方向与企业长期发展战略的适应性。然后对其进行测量、评价、再测量、再评价，坚持每年进行一次企业文化综合测量，才能达到不断加强和改善企业文化管理工作的目的。进行企业文化测量的最终目的，是要解决如何使企业文化真正融入到企业的经营管理实践中去的问题，解决如何准确地挖掘企业传统文化的优秀因子，以推动企业创新发展的问题。

企业文化测量模型是在企业文化发展目标的基础上，按照企业文化的结构内容所建立的一系列用来衡量具体企业文化各构成要素的发展现状和发展程度的指标。这些指标构成了一个庞大的指标体系，通过确定各项指标的分值和相应的评分标准，采用具体量化的方法准确地对企业文化进行评估。

实时监控——企业文化测量的作用

企业文化测量有以下几点作用：

（1）它为企业建设独具特色的企业文化提供了一套完整的衡量标准，为外界或企业自身对企业文化进行评价提供了依据。

（2）它不仅有助于企业认识自身的文化发展状况，也是外界对其进行评价的验证尺度。

（3）除了可以反映企业文化建设的现状以外，还可以反映出企业文化建设中相对薄弱和亟待加强的部分环节。

（4）对企业文化建设做出导向性的预测，从而使企业文化建设的动态调整内容有一个准确的定位。如果一个企业在自身的企业文化建设过程中，能够定期地按照评价体系进行评价，并记录随时间变化的结果，就可以得出该企业文化建设的一条发展轨迹。对其进行分析，便可以了解企业文化的各构成要素在各个时期的发展状况，从而帮助企业决策者准确认识企业文化发展的状况，为企业文化的动态调整提供决策依据。

测量模型——企业文化测量的工具

企业文化测量研究大致可以分为两类：一类是关于不同组织的文化差异的比较研究，重点在于寻找并分析企业文化在哪些方面会出现显著的差异，从而得出经验性的结论；另一类则是关注企业文化的本质特征，从企业文化对企业行为的影响机制入手来设计企业文化的测量模型。

企业文化测量理论框架的一个代表人物是美国麻省理工大学的沙因（Schein）教授，他主张通过现场观察、现场访谈以及对企业文化评估等方式对企业文化进行测量，测量应围绕企业的内部管理整合和外部环境适应来进行。另一个代表人物是美国密歇根大学工商管理学院的奎恩（Quinn）教授，他主张通过企业竞争性文化价值模型对企业文化进行测量，从文化的角度考虑事关企业效率的关键问题，即从企业的外部导向和内部导向两个维度来衡量企业文化的差异对企业效率的影响，目前该模型在企业文化测量诊断方面的影响日渐增加。企业文化测量涉及的基本工具包括测量尺度、测量信度、测量效度和测量常模。

下面介绍两种企业文化测量的工具量表。

1. OCI 量表

OCI 量表是指 Cooke 和 Lafferty（1983）设计的组织文化清单（the Organizational Culture Inventory，OCI）量表，可以测量当前文化和理想文化，及二者之间的差距。OCI 量表有两个版本：一个是电脑计分版，由 96 个题项组成；另一个是手工计分版，由 120 个题项组成。每类标准和期望都由大约 10 个题项测量，描述组织成员期望或需要的行为。用五点量表法衡量（1 = 一点也不，5 = 完全是），测量人们认为的契合程度和期望程度。

OCI 量表被广泛运用，并被实践证明是可靠的。Cooke 和 Szumal（1993）分析了 4890 份问卷数据，检验三类可靠性（internal consistency，interrater and test – retest）和两类有效性（construct and criterion – related），结果均较好。但 Cooke 和 Szumal（1993）也发现 OCI 量表可能存在关于判别式有效性的缺点。

OCI 量表是可以用在任何组织框架中的工具，并有多种用途，如识别什么地方需要变革、进一步观察文化变革、评价企业文化变革的结果、管理差异和跨国关系。OCI 量表几乎可以适用于所有组织。

2. OCS 量表

OCS 量表是指 Glaser、Zamanou 和 Hacker（1987）开发的组织文化测量量表（Organizational Culture Survey，OCS），该量表是标准的测量量表，在调查过程中，可以与其他测量技术结合，如关键事件访谈、编码访谈等。OCS 量表主要测量组织文化的 6 个组成部分：合作—冲突（teamwork – conflict）、氛围—士气（climate – morale）、信息流（information flow）、包含（involvement）、监督（supervision）和会议（meetings）。

OCS 量表有 62 个题项，分为 5 个子量表：氛围、包含、沟通、监督和会议。首先要求员工描述在组织中的工作是什么样的，并鼓励通过故事来解释他们的感受。然后将问卷发给所有成员，并要求在规定的地点和规定的时间填写完，从而消除回收率低的问题和取样错误，增加量表的有效性。5 个子量表的每个题项都符合中间可靠性和中间一致性分析的要求。修订后的量表只有 31 个题项，因为如果题项可由其他子量表中的题项预测出时就将其删除。为了评价 OCS 量表的可靠性，完整的工具还包括 35 ~ 52 个题项。这些题项提供回答者生日和他们母亲的婚前姓氏，这样可以把测试与再测试中的匿名问卷对照起来。

Falcone 认为，可以运用此量表来帮助组织建立特定时期的组织文化，还可以发现一些组织存在的问题。但是此量表有个最大的缺点，不能通过单独使用而获益，因此，与其他方法共同使用才能使此量表更有效。

整体框架——企业文化测量的实施步骤

进行企业文化测量，首先要通过现场观察、现场访谈、调查问卷和查阅文献资料等定性研究的方法，了解目前企业文化状况和员工对企业文化的感知状况，借此构造出企业文化测量的整体框架，形成企业文化测量模型。然后，运用量表等定量分析的方法，具体分析企业现有文化的优劣性，并对企业文化的差距进行总结性概括，进而提出改进建议。

一般而言，企业文化测量分以下四个实施步骤：

1. 测量模型设计

通过查阅大量的文献资料，对已有的测量结果进行深入研究，结合现场观察、现场访谈等方式，总结提炼出可以用于企业文化测量的多个企业文化维度以供参考。然后经过征求专家意见，从备选的文化维度中，挑选出适合进行企业文化测量的内容形成企业文化量表，主要包括两种形式的问题：一种是采用标准化量表形式，针对各个维度设计价值观及管理行为特点方面的条目，让测试对象按企业实际情况的符合程度进行打分评价；另一种是提出一些简单的开放性的问题让员工进行回答。量表的设计首先

要根据企业的特点，建立相应的测量维度，再针对各个测量维度编制测量题目。

2. 测量模型检验

为了保证最终研究成果的针对性和有效性，在进行正式的企业文化测量之前可以安排一次预测量。预测量可以采用一个相对较小的样本量对之前形成的量表进行填写，回收后只进行简单的描述性统计，不形成文化测量的结论，目的主要在于通过对预测量结果的因子分析，检验前期形成的文化测量模型是否有效，并及时做出适当的调整。

3. 正式测量

经过预测量，得到经过修正的测量模型之后，扩人样本量进行正式的企业文化测量。在这一阶段，可以在问卷中增加衡量企业经营业绩的指标，以期通过回归分析了解企业员工如何认识企业文化与各个经营业绩指标的相关性，以及现阶段员工对于整个组织的经营效率的认可程度。

4. 统计分析

正式测量的问卷回收以后，首先进行认真的筛选，将不符合统计要求的问卷予以剔除，否则将严重影响整体数据的一致性，导致无法获得结论或得到错误的结论；接着运用SPSS等专业统计分析软件对调查结果进行统计，得出结论并解释；最后为企业文化建设提出有针对性的建议。

附：

如何测量企业文化状况

1. 企业文化的地位与作用（12%）

企业文化建设是否列入企业发展战略？企业文化由谁主抓？

2. 企业价值观（12%）

价值观是企业文化的核心，是企业评价事物时共有的观点，也就是企业和员工评价在企业的生产经营活动中什么是最有价值的、什么是值得为之付出最大努力的衡量尺度。

评估内容：企业对利润、股东权益、社会责任、尊重员工、员工参与度、产品服务质量、顾客需求等的关注程度（重视程度）。

3. 企业员工行为规范（12%）

企业员工行为规范，是指由目标体系和价值观念所决定的企业经营行为，以及由此产生的员工所持有的工作态度和行为方式，是企业文化的重要构成要素。它通常表现为企业的规章制度、行为准则等成文的规定和传统、习惯、礼仪、禁忌、时尚等不成文的行为规范，是企业价值观在行为中的具体体现。

评估内容：制度建设情况、职业道德建设、遵纪守法、礼仪、作风态度、团队精神。

4. 企业环境（7%）

企业环境对企业文化的形成和发展具有重要影响，它是指企业经营所处的社会和业务环境，包括市场、股东、顾客、企业员工、竞争对手、技术、政府影响法律等。企业文化的环境适应性越强，企业经营业绩就越大；相反，企业文化的环境适应性越弱，企业经营业绩越小。

评估内容：与政府、社区、股东、经销商的关系；品牌美誉度；环境制约（相关法律、法规）；核心竞争力的稳定性和长远性。

5. 企业形象（15%）

企业形象是企业文化外在的综合体现，是企业通过生产经营活动向公众和客户及消费者展示自身本质特征，并给公众留下的企业整体性和综合性印象与评价。企业形象具有“对内增加凝聚力、对外增加吸引力”的巨大功能。企业形象的表现形式有产品形象、服务形象、员工形象和企业环境形象等。国内外公认的企业形象设计包括企业理念、企业团体行为、视觉识别三大系统。

理念识别系统：价值观认同程度、企业哲学提炼水平、经营宗旨的正确度与前瞻性、企业精神完美度评价、企业美德内容评价、企业作风。

团体行为识别系统：组织机构健全与完善、运行有序，对员工的尊重与教育，礼仪规范，荣誉、声誉，公共关系，经营方式、方法。

视觉识别系统：企业名称的合法性、规范性、易记易识别程度，企业标识、商标的设计与识别效果，标准字体、印刷专用字设计水平，标准色、吉祥物、标志物等。

6. 企业文化传播网络（10%）

企业文化传播网络就是利用各种传播途径将企业价值观、目标、精神、道德、经营方略、品牌、新产品及新技术、新服务等企业物质与精神要素信息传达给社会公众的手段，包括报刊、书籍、光盘、网络等正式传播网络，各类集会活动，小道消息传播渠道等非正式传播网络及团体。

评估内容：公共关系传播效果，营销对公众与客户、消费者的影响，企业品牌及产品的宣传。

7. 企业人力资源评估（10%）

人才是企业成长与发展的基础，是生产力要素中最积极的要素。开发利用好人力资源，有利于调动员工的工作积极性、自觉性和责任感，从而提高工作效率。

评估内容：人力资源的综合素质，如学历比重、学习氛围、企业英雄与模范；人力资源配置状况，如人才结构；人才环境，如政策、培训、激励。

8. 企业无形资产状况（6%）

企业无形资产是企业文化的主要内容之一，一般论述企业文化的书籍中均未列入，这里将无形资产与品牌价值作为企业文化资产的重要内容看待，具体包括企业商标、专利、专有技术、著作权、荣誉权、商誉、品牌。企业文化建设成就突出的企业，其无形资产必然有较高的价值。

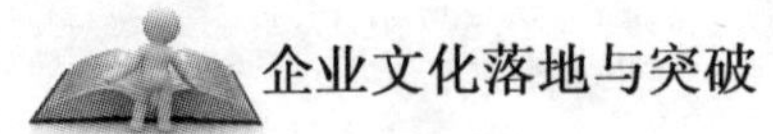

9. 企业文化氛围（10%）

企业文化氛围指企业文化的硬件建设和软件建设相结合所形成的一种具有企业本身个性色彩的“企业文化氛围”。

评估内容：企业组织生活，如民主生活会、庆祝活动等；工作环境；产品文化，包括质量、包装、储运、员工对产品的责任心、售后服务；安全文化；娱乐设施，如俱乐部、文化馆、活动室等；体育、公益设施及利用状况；礼仪活动评价；文娱活动；社会福利、公益性活动参与程度，如义务献血、植树、捐赠、环保等。

10. 企业社区文化（3%）

评估内容：企业社区环境绿化、美化；管理规范有序；社区娱乐活动。

11. 企业家庭文化（3%）

与西方国家所不同的是，中国人的家庭观念比较重，家庭文化氛围的好坏直接影响企业员工的工作情绪、工作热情和工作效率。就企业文化而言，企业家庭文化富有浓重的中国特色，属于企业文化的边缘性内容。对于高科技企业相对不是那么重要，但是随着员工的逐渐成熟并成家立业，这个方面的措施会越来越有意义。

评估内容：倡导尊老爱幼、和睦互助、相互谦让的风尚；奖励措施，如配备文化、学习用具，奖励有成就的子女等；与社区文化相结合的家庭活动，如家庭才艺展示、文体比赛等。

东方能源公司企业文化测量

1. 测评四个维度

东方能源公司是一家有着悠久的历史的传统的大型国有企业，对其企

业文化进行测评可以通过四个维度来进行：

应变能力、愿景及目标、一致性、员工参与。

“应变能力”与“愿景及目标”这两个维度反映的是组织关注外部的程度，它要求企业顺应外部经济、政治、社会环境的变化适时地做出相应的改变和调整；

“一致性”与“员工参与”这两个维度反映的是组织关注内部的程度，它要求企业对内部系统、结构和流程进行动态的整合，以满足组织目标的实现；

“应变能力”与“员工参与”这两个维度反映的是组织的灵活性，即以市场、客户为导向的创新能力；

“愿景及目标”与“一致性”这两个维度则要求组织具有相对的稳定性，使得企业有自己的发展方向和目标，并且强化员工对企业的忠诚和归属感。

2. 四个维度的功用

（1）应变能力：将组织外部环境的需求转变为行动的能力。一是创新，组织能够敏感地了解商业环境，快速地对变化做出反应，并且可以预见未来的变化。二是关注客户需求，组织了解客户的需要，做出相应的对策。三是学习的组织，组织将从商业环境中得到的信息变为激励创新、获得新知识和发展新的竞争能力的机会。

（2）愿景及目标：组织发展的长远而有意义的方向。一是愿景，组织有一个获得很高认同的未来组织的状态，它涵盖了核心价值观，是企业发展的灵魂，并为企业发展指明了方向。二是战略发展目标和方向，明确的战略定位清晰地表明了组织的目标，并且使每个员工明了努力的方向。三是具体目标，清晰且可操作的具体目标从组织愿景中发展而来，并指导员工的具体工作。

（3）一致性：核心价值观的强化与认同。一是核心价值观，组织成员对价值观以及期望、目标的认同程度。二是一致性，在关键事件上组织成员能够达成一致，这取决于组织成员深层价值观的一致性，以及当不同意见发生时，妥协和取得一致意见的频率。三是合作和配合，不同职能部门能够为了组织共同的目标很好地合作，不会由于部门之间的界限影响工作的完成。

（4）员工参与：提升个人能力、增强认同感以及责任感。一是授权，个体有管理自己工作的权力、主动性以及相应的能力。二是团队合作，提倡合作以达成组织共同的目标，并使员工认同。三是个人能力的提升，组织为提升员工个体能力进行长期的持续的投入，目的在于保持企业的竞争力以及满足市场的需要。

第九章

诊断——对企业文化状况进行调查研究

“没有调查就没有发言权。”精准的企业文化定位、突破和落地，都源自于扎实而准确的调研数据，是对症下药的关键基础。科学的调研将影响战略的制定和企业的未来。

和谐畅通——企业文化诊断思路与框架

企业文化诊断的目的是为了充分了解企业和企业文化现状，使企业领导者和企业文化管理者明确企业经营管理的基本特征，为企业文化提升奠定坚实的基础，有目的地收集企业相关信息、借以发现问题或形成结论的研究活动。

1. 企业文化诊断是盘点

大多数企业在进行企业文化建设之前，往往对自己企业文化的状况模糊不清，心中无数。因此，企业文化诊断的首要任务就是对企业文化资源进行全面的盘点，查清查实。

2. 企业文化诊断是归纳整理

企业文化涵盖企业经营的方方面面，体系较为复杂。企业文化诊断就是以科学的企业文化体系和基本原理为依据，对企业文化资源进行归纳整理，通过对大量现象的观察、研究，概括出具有指导意义的结论。

3. 企业文化诊断是分析判断

企业文化诊断的目的就是通过科学的方法和手段，分析、研究、判断企业文化，透过现象看本质，把握住企业文化的优势和劣势，明确企业文化与先进企业的企业文化的差距和企业文化存在的问题，为企业文化建设提供可靠的决策依据并指明努力的方向。企业文化诊断从企业文化的普遍原理和理论出发，通过逻辑推理来解释具体的企业文化现象，得出企业文化的基本判定。企业文化诊断就是要根据企业和企业文化现状，分析企业文化形成的前因后果，分析企业文化的特点，结合先进企业的文化发展方向和经营实际，有针对性地提出企业文化建设策划方案。

企业文化诊断应该遵循以下原则：

（1）客观性原则。采取实事求是的态度，不要主观臆断，掺入个人感情。

（2）一致性原则。对所评价的对象使用同一标准，而不能用两个或多个标准。

（3）全面性原则。在评价中不要过分地突出某一部分，而应当全面衡量。

（4）目的性原则。诊断实际是一种管理手段，也是一个调控过程。诊断的目的要十分明确，防止走过场。

（5）单项评价与综合评价相结合的原则。既从某个侧面、某个项目上进行评价，又要综合进行系统的评价。

（6）定性分析与定量分析相结合原则。既对企业文化建设过程和结果的性质进行大致界定，又要对某项工作在量的方面进行统计比较。

（7）静态评价与动态评价相结合的原则。一方面要考察评价对象在特定的时间和空间中已经达到的水平或已具备的条件；另一方面要考虑它的趋势、潜力，激发其进取精神。

（8）评价与指导相结合的原则。诊断不仅仅是为了搞清“是什么”，还要回答“为什么”和“怎么办”的问题，要把评价结果上升到一定的理论高度加以概括，并能依据事实，参考条件，指出改进方向。

对企业自身既有的文化进行全面准确的诊断是建设优秀企业文化所必需的，其原因有以下两点。

（1）现代企业文化具有独特性。各个企业具有不同的历史背景、发展状况、经营性质与特点、人员结构等，而企业员工的自身行为观念和准则差异也很大。如果只是泛泛地导入企业文化，而不进行文化诊断以了解自身的特点，对企业文化建设的状况进行反馈，那么企业文化建设的效果是不会理想的。

（2）现代企业文化具有开放性。作为一个系统，企业文化不断与外界环境进行交流，不仅影响外界环境，而且会随外界因素的变动而变动。优

秀的企业文化绝不排斥先进管理思想和管理模式的影响，会随时代潮流而不断丰富与完善。企业文化诊断能使企业高层管理者了解目前企业文化的现状与绩效的大小，为企业文化的管理与优化提供参考。

进行现代企业文化诊断通常有两条途径：内部诊断与外部诊断。内部诊断是由企业内部成立的企业文化诊断小组进行诊断。其优点是对自身文化的感性认识和细节了解要相对深刻。管理力量雄厚的大型企业通常会采用这种方法。外部诊断则是由企业聘请专业咨询机构的咨询人员、管理研究部门或大学的专家教授深入企业进行企业文化诊断。其优点是这些专业人才相对企业内部人员来说具有更丰富的文化诊断经验和更准确的判断力。但如果对企业考察不够深入或是专业素养不足，其结果也许会产生较大的偏差。那些管理人才和技术人才比较缺乏的企业可以采取这种方法。很多企业也常常采用内部诊断和外部诊断结合的诊断方式。

制度规划——企业文化系统性诊断方法与工具

企业文化诊断评估应当以定性与定量结合的综合研究方法进行，同时在企业文化定量研究中，较能贴近企业实际的是文化现状定位与价值观取向结合的量表测量方法。企业文化诊断要解决的主要问题并不仅仅是对于文化现状的评估，更重要的是应当将这样的现状置于未来发展需要的前提下进行审视对比，通过未来与现状的对比找出文化的差距并分析文化的优劣性，从而确定支撑管理变革的文化创新方案。文化的背后是理念，是价值观，如果仅仅通过由外及内、由表及里的分解方法，而不真正从价值观取向来获取结论，那么测量始终难以形成有效的结论。

企业文化测评的五步法是在长期的研究和实践中得出的测评方法，运用这一方法更容易掌握测评系统的运作。

1. 测评前的准备

企业文化测评由于涉及文化现状及员工价值观，故对测量实施所覆盖的范围要求较广，样本数量必须有一定的基数及代表性。因此相关人员应当在测评前立项，确定测评需求、明确测评方向、组成临时项目小组、评估工作难度及进展等。通过立项的方式，能够提高企业内部对于测评的重视程度，避免虎头蛇尾。

2. 测评体系设计

围绕企业文化的结构，采用态度及印象量表设计测评体系。为了更好地达到研究目的，每个变量均由一组经过筛选的定量指标组成，力求从不同方面去准确反映公司文化的全貌。

3. 测评实施

测评实施是企业文化测评最关键的环节，其实施质量如何直接影响到样本分析的可信度。最好的方式是确定全部样本名单后，统一时间、地点进行一次性统一测评。若由于生产周期问题难以做到，则可采取分批进行方式，不过各批应当同样统一时间、地点进行。测评现场必须有 2 ~3 人负责纪律监督以保证测评的有效性。样本回收之后，临时项目小组还应承担录入统计的责任。

4. 定性评估

定性评估是定量测评的重要补充，统指案头分析、现场考察、深度访谈、沟通对话等非定量分析的文化研究方法。定性评估最重要的是访谈，讲求的是一种主观的洞察力。访谈的方法也是基于企业文化研究模型展开的，围绕一定的维度而形成访谈提纲，访谈还是专家经验的梳理，企业文化专家的判断依据并非一定要有定量的方法，更多依靠的是对行业的企业文化感悟的定性思维。

5. 结果应用

企业文化测评是个系统工程，阶段的成果必须以报告的形式提交，其中包括第一阶段的定量测评报告、第二阶段的定性分析结果及第三阶段的最终诊断报告。诊断的结果应用于如何建设有特色的企业文化，并针对调查的结果，对核心理念进行梳理，以便进一步完善企业文化建设。企业文化测评的结果一方面利于经营者定期评估企业文化竞争力的优势、劣势，并提供不断完善的依据，另一方面便于企业文化项目的进一步实施，包括企业理念的提炼、企业文化战略的规划等。

企业文化诊断有三种较为常见的方法：讨论法、观测法和调研法。

（1）讨论法。主要是请企业领导和部分代表性人物一起，在诊断小组的组织和参与下，围绕有关情况和企业所面临的问题进行讨论，从而得出企业文化诊断的具体结果和改进方案。

（2）观测法。由诊断小组直接深入企业现场进行观测，了解第一手的材料。他们可以观察企业硬件和环境，了解企业员工的行为态度与方式，必要时也可以与员工直接接触，从交往中获取员工对企业文化价值观的态度和评价。这一方法的优点主要是资料相对详尽和直接，缺点是实施起来不太方便。

（3）调研法。通过“企业文化调查表”或座谈会的形式，从员工对企业文化的认知和评价中了解其优劣性。然后根据调查结果推断目前企业文化的强弱和有效性，以便提出实施方案。采用这一方法进行企业文化诊断相对来说较为准确，因为企业文化归根结底要对员工产生影响才能发挥作用，故企业员工对其优劣最有发言权。但这一方法较为复杂，实施起来比较麻烦。

追根求源——企业文化真实性诊断方法与工具

企业必须明白什么是价值观、什么是核心价值观，而在理解研究其“是什么”时，先要搞清楚其“不是什么”。

从某种程度上来说，企业核心价值观必须表现在以下几个方面：时代性（普遍性、与世界各国人民的对话性）、民族性（中华民族长期形成的、至今在民间流行的）、实践性（针对现实问题的可行性）、简易性（通俗简明，老百姓喜闻乐见）。企业核心价值观是从实践中总结出来又加以提炼的，目的在于指导员工的工作，融化在人们的性情心理中，有助于凝聚人心的一些深长久远的价值观。既然是企业核心价值观，就不能没有该企业的元素，因此一定要把有渊源的、在员工间影响最大的传统文化中的最重要的价值观纳入、凝练进核心价值观。

当企业经历了刚成立时期的经验管理、科学管理和战略管理后，会渐渐领悟到企业更高层次的竞争不再是资金、技术、人员、策略的竞争，而是文化的竞争。哪个企业塑造了优秀的文化，哪个企业就拥有了优秀的经营理念，它就会在市场竞争中稳操胜券。“小企业管事，大企业管人，优秀的企业管文化”说的就是这个道理。然而，企业文化“看起来很美，说起来很甜，做起来很难”“说起来重要，做起来次要，忙起来不要”，究其原因，一要归结于文化和经营的分离——文化是文化，经营是经营，二要归结于企业文化在实际操作过程中缺乏具体手段。

企业文化是一种无形资产，而且是最核心的无形资产。搞好企业文化是一种投资，并且是一种重要的长期投资，搞好了，给企业的回报是巨大的。但是，如果搞不好，资产将变成负债，投资将变成成本。一个成功的企业要有良好的战略、良好的组织结构、良好的流程。在组织建设方面，要坚决杜绝关系，唯才是举，把员工打造成具有一流的素质和境界、良好

的技能的人才，而这些具体要求的核心就是企业文化。

企业文化反映的是企业的价值观，是一个企业在经营的过程中，对生产经营和目标追求以及自身行为的根本看法和评价。企业价值观是企业行为规范的内在约束、企业经营战略的思想保证、企业创新的理念基础、企业活力的源泉。企业价值观应成为企业的核心竞争力，成为企业差别化战略的核心。进行企业文化建设的根本目的是为了企业的生存与发展，增加企业的收益，增强市场竞争和企业内部竞争力。一个企业应提倡包容性，积极吸纳各企业的优秀文化成果，打造统一的价值观。社会在发展，文明在进步，人们在追求发展的同时强调双赢、共赢，企业价值观涵盖了企业的利益相关者，包括员工及其团队、顾客、股东、金融家、供应商、社会和环境。

维护企业文化核心价值观的真实性是构建优秀企业文化的必经之路。企业文化对于员工具有强大的导向性，直接影响着他们对企业的认识。企业文化核心价值观在客观上的不真实，或者有意用欺骗的手段推销商品或服务，就是对消费者权益的伤害，就是对社会公德的违背，也是对社会文明与进步的戕害。因此，建设优秀企业文化，必须以核心价值观的真实性为基本要求。

兼听则明——企业文化一致性诊断方法与工具

每一个企业的企业文化都是经过孕育与培植，慢慢成为独特的、不可模仿的理念，其中包含了企业的物质层面与精神层面，体现在企业的形象、管理制度与员工行为中。

几名国际企业管理学家通过对日本成功企业的研究，发现企业文化在企业管理中具有不可磨灭的功绩。他们认为，成功的企业着力宣扬自己的企业文化，以此吸引更优秀的人才，拓展更广阔的市场；而正在发展中的企业在孕育与培植自己的企业文化，以增强自己的竞争力与凝聚力。但是，在企业文化的孕育与培植过程中，如果不能保持企业文化的内部一致性，企业文化就没有生命力。

首先，孕育与培植企业文化，必须要与企业文化内涵保持一致性。企业文化像是全国的铁路网，不仅要使各省市运行通畅，而且还要为铁路网提供长期、有效的保养及调度。企业文化自身不一致有两种情况：一是企业文化自身的不一致，二是企业文化与其生长的环境不一致。企业文化自身的不一致将导致企业文化在贯彻时达不到预期效果。

如果有一家生产企业，其核心企业文化是“进取、创新、诚实，实现利润最大化”。像这样的企业文化就出现了企业文化自身不一致的情况。因为，它的最终目标是实现销售利润最大化。它的销售员在面对顾客时，首先要实现最大化的销售利润，可是又得做到诚信，而这两者是不能兼得的。这样，销售员在实际销售过程中，要么遵守销售利润最大化，而舍弃对顾客的诚信，要么遵守对顾客的诚信，可又不能实现销售利润最大化。所以，企业文化自身的不一致以及企业文化与其所在环境的不一致，最终导致企业文化由于执行不畅而灭亡。

其次，孕育与培植企业文化，别让企业文化与企业管理制度自相矛盾。管理制度是企业文化的外在表现形式之一，可是有些企业在制定管理制度的时候却往往忽略了正在孕育与培植的企业文化，造成了企业文化与管理制度的脱节。

比如有一家百货公司，根据货物的类别分为六个销售组。它的核心企业文化是“以人为本，沟通互动，实现员工与企业共同发展”。总经理要求每个组要将自己行之有效的销售方法与其他组共享，通过沟通与互动来相互提高，从而提高整个公司的销售业绩。可是公司的考核制度是以小组销售额为考核标准，奖励销售业绩好的小组，惩戒销售业绩最差的小组。结果呢？在公司组织沟通与互动交流时，每个小组都不将自己行之有效的

销售方法分享给其他小组。销售业绩优秀的小组不响应企业文化中的沟通互动，是因为管理制度中的考核与竞争机制。所以，企业文化与管理制度的不一致，将造成企业文化无法推行。

最后，孕育与培植企业文化，必须让企业文化与员工的行为保持一致性。员工行为是企业文化的具体体现，也是最直接的表现形式。尤其是企业高管的行为，必须与企业文化相吻合。因为，员工总是将企业高管视为楷模，仿效高管们的行为，以期得到更好的发展。比如对于一家高科技创新型企业来说，它的企业文化应该是创新求异。如果企业老总对部门经理的建议总是“你这个想法太离谱了”“我们以前并没有这样做过”“你的这个建议是不可能实现的”等类似的话，用不了多久，企业所有员工的行为总则只剩下唯一的一条，那就是跟着老总的思路走，根本谈得上创新。因此，原本很好的企业文化，由于没有真正反映在员工的行为上而形同虚设。

企业文化是和谐的、流畅的、浑然一体的，是企业整体价值观的体现，留不得半点刻意雕琢的痕迹。对于企业文化，孕育与培植是关键。当然，企业文化的孕育与培植不可能一蹴而就，需要经过改良与再培育。而每一次改良均是对其整体性与一致性的修复，只有在培植出的企业文化达到内部与外部的和谐一致的时候，企业文化之树才能开花、结果。

融合统一——企业文化适应性诊断方法与工具

企业文化是企业管理的重要手段，是一个企业精神导向的核心标准与价值总和。企业文化不是外来文化，也不是生造文化，是企业创始者与团队做人做事所遵循的准则，这个准则是企业在发展过程中不断生长出来的，只不过这种生长出来的东西，可能会与其他企业的文化有所雷同，但它是适合这个企业的，是企业真实文化的反映。有些企业，在做企业文化的时候，就把其他企业的企业文化拿过来用，肯定有诸多的不适，甚至就只是一张皮，没有起到企业文化的作用。

如果一个企业的企业文化在企业的发展当中，没有产生相应的作用，或者作用不大，这样的企业文化还不如没有的好。所以，企业文化是一种适应性文化，只有适合于你的企业才是最好的。

我常常碰到这样的情况：一个企业发展得很好，产品市场形势很好，员工也有好几万，但他们的企业文化并不是很系统，按完整的企业文化规范要求，他们只有一些企业传播语、一些精神口号，而且这些文化要素还不是很准确，不过，企业经过几年的发展，这些口号已经让大家非常熟悉。这样的企业在发展初期还好，可能有一两个文化要素就可以使一个团队形成统一的认知，但是当团队做大了，仅仅一两个口号是不足以统领这么多人的精神的，必须建立完善的企业文化体系，有了这样一个体系，这个团队碰到的方方面面问题，才可以有效地得到统一，从而让企业文化产生应有的作用。

当然，企业文化要产生应有的作用，必须首先是适用于这个企业的，是服务于现实的，不适合于这个企业，再好的企业文化也是没用的。

中国企业的企业文化的核心价值，大多来源于中国传统文化与人的精神指向，而中国传统文化已经被研究的很透彻了，几乎你能想到的方面，前人们都进行了精深的研究，且也有了完美的答案。所以，如果你的企业人员结构是由中国人构成的，他们的文化一定是在中国传统文化中存在的，只不过要根据这个企业的领导人的倾向性，加以调整而已。其中，一些做人最基本的公共道德，是每个企业都必须遵守的，如诚信。现在，很多企业文化，动不动就是诚信，其实是一种多余的表述。真正好的企业文化，应该在此基础上，提出特别有针对性的诉求，即在一般公共道德的基础上，提出适合于企业的相对独有的诉求，这样的企业文化才是鲜明的。

格力电器的发展战略是走专业化的发展之路，专注于空调相关产品的

研发与生产，背水一战，掘深挖透。它的企业文化是忠诚文化，凡在格力的人，都要忠诚于企业，要为企业创造价值，要有工作的成就感，而不是一来企业就谈工资待遇，格力的人相对单纯，讲奉献，讲成绩。我觉得，这样一种文化品格，是和其领导人董明珠的做人、做事风格息息相关的，也是和这个团队的品性相适合的，不然，它是难以形成文化力量的，也产生不了相应的作用的。

忠诚于企业，是一个很好的品格，但是如果换了一家企业，要说让一个人忠诚于企业，那是很难做到的。因为，很多企业还没有做到让员工忠诚的程度，所以，跳槽的事时有发生，就是忠诚也只是相对的，但这是这个团队形成凝聚力的重要追求，不能因有背叛的情况发生，就放弃自己的主张。

另外，企业文化应突出一种品质，突出一点，不及其余。这并不是说，强调一点，其他的就不重要了，强调一种品质是为了集中，为了鲜明。有了焦点，相关优秀品质都会向这里集中，由此形成强大的文化要素体系。

企业文化的适应性，就是将人类共同遵守的优秀品质集纳过来，再与团队的价值观相配置，从而形成鲜明的企业文化。

平衡管理——企业文化平衡性诊断方法与工具

良好的企业文化可以使企业充满吸引力，让员工有家的感觉，认为自己就是企业的主人翁，使企业进入良性的循环。从实践的角度来看，企业文化建设核心是认同。那么，如何提高企业文化的被认同度？我认为，在文化内涵提炼、传播等环节中，都必须始终坚持文化平衡的原则。

第一，要力求基本假设、文化导向的平衡。比如，在一个企业，共同的认知系统、基本假设是“企业是员工获得个人利益、展现创造情怀，进而实现个人价值的最主要的舞台与载体”，这就意味着无论你个人的价值追求是个人，是集体，还是国家，以及其价值排序如何，都可以通过“企业”来实现，那么强调“忠诚企业”的价值观才会是在情理之中的、有效的。

第二，要力求文化内涵的平衡。企业文化内涵所倡导的必须是正确的，但这还不够。在引导员工为企业做贡献的同时，企业文化必须明确企业为员工提供什么保障，让员工的利益在文化理念中得到确认、在规章制度中得到完全落实。比如，企业价值观中要让员工忠诚，就应在企业宗旨或理念中明确培养员工或者员工第一、以人为本等理念。唯有如此，企业文化才会得到认同。

第三，要力求做人、做事的平衡。由于企业生产经营的需要，企业文化最主要的目的，就是围绕如何做事、如何做成事，以方向性内涵（如愿景、使命）为员工引领方向；以交易性内涵（如团队理念）引导员工消除团队摩擦，提高协作力；以能动性内涵（如进取意识）激励员工积极上进，激发主动性；以效能性内涵（如学习理念）鼓舞员工强化技能，提高“工作力”，从而求得生产经营绩效。但企业不仅要使用人，也要培养人，特别是在思想道德方面培育人，因此，企业文化也必须教导员工如何做人、做正直的人。从这层意义上讲，企业文化又是思想政治工作的中观层面（宏观层面为意识形态教育，微观层面为一人一事的思想疏导）。只有做人、做事在文化中都能体现，企业的经济与社会责任才会都得到实现，企业人才会是一个完善的人。

第四，要力求文化主体的平衡。一般来说，企业文化是由企业家主导的，但没有员工的参与，其认同性肯定会大打折扣。而员工参与文化建设，既可以在内容中吸纳员工表达自己的诉求，更有利于通过形式上的民主，使员工获得参与管理的满足（员工就会认为，这也是我自己的工作成果），进而提高员工对文化的认同度。

第五，要力求“内生”与“外导”的平衡。一般来说，企业文化是企业长期发展中所创造的被全体员工认同的群体意识、行为规范和价值理念，“内生性”是主要的，这也是企业特色所在。但有的企业从创立之初就由企业家导入了企业文化。就初始文化来看，这不是由员工逐渐创造的。但在其发展到一定阶段后，也逐渐向着“内生”方向丰富发展。

我认为，一个企业，其初始文化无论是“内生”还是“外导”，在经过长期发展后，一定会变成“内生”文化，并逐渐固化下来。但这不是终点，还必须结合时代背景和企业变化，继续提炼自身新特色，并有意识地导入外部新的理念，达到“内生”与“外导”的完美结合、动态与静态的协调统一，以使企业文化既有特色又有品位，更精准，也更有效。

总之，平衡的企业文化，既有利于文化本身的被认同，又能为建立和谐社会营造文化氛围。

白沙集团企业文化“鹤”文化诊断案例

诚信永远是企业价值观中最重要的一点。对白沙来说，诚信意味着诚实正直，白沙始终坚信“一个优秀的组织必须要具备诚实、正直的品格”，并辅之以制度和监督加以约束；对于个人来说，白沙提倡的是良好的职业道德和操守，白沙的员工都希望成为一名对工作无限热爱的、满怀服务精神的，不找任何借口的员工；对于社会来说，白沙认为一个优秀的企业还必须要具备强烈的社会责任感，白沙曾为500名贫困大学生提供了诚信助学贷款，白沙呼唤的是诚信的回归……今后，诚信是白沙必须要坚守下去的信条，这种品质也会为白沙的飞翔注入更加强大的动力。

谈到文化，在很多人眼中，白沙文化就是白沙的飞翔文化，即白沙的品牌文化。

早在2005年，卢平就提出了“文化落地，机制生根”的观点，企业文化的体现终究需要寻找到一个可以承接的对象，并非高喊着口号，并非只是将理念悬挂为横幅，也并非只是将文化挂在嘴边，而是需要将它倡导的理念和思想融入到切切实实的管理制度和方法当中，从“法理情”中体现出一个大企业的风范，最终成为企业文化中最令人尊敬的灵魂。

号称“中国的万宝路”的白沙集团是烟草行业的老大，在许多城市的地铁、商场等公众场所经常可以看到“鹤舞白沙，我心飞翔”的白沙品牌文化广告。

行事低调的白沙集团总裁卢平面对荣誉，依然高举品牌，聚焦人们的视线，称她个人事业的全部意义，只是见证了一个伟大品牌的成长历程，并从旁推动了这个品牌的发展。她也正是意识到这点，在与品牌同行的日子里，希望自己能为品牌做得更多一点，做得更好一点。其实，一个成功的企业家正是这样，在雕刻一个伟大品牌的形象时，自然也将个人的名字刻在上面了。

有人说，卢平的身上，总有些矛盾的迷离色彩。产品和品牌之间，似乎有道难以跨越的鸿沟。也许正因为是女性，卢平对卷烟品牌有着与男人不一样的细腻感受，在一个以销售业绩彰显企业家能力的时代，她首先把主要精力用在了品牌文化建设上，她说文化是品牌的气质。“气质”是产品到品牌跨越的金桥。

执着的卢平有自己执着的理念：消费者的兴趣是需要通过不断创新来吸引的。谁拥有文化优势，谁就拥有竞争优势、效益优势和发展优势。烟草行业作为特殊行业，品牌不能直接传播，人们凭的是感觉消费，没有品牌文化的张扬，市场潜力怎么能转化成市场占有率呢？

稍加留意，我们就会发现，尽管此后国内也有许多企业借飞翔的理念传递品牌价值。但是，还没有哪一家能像白沙一样，把飞翔文化和白沙品

牌结合得严严实实，深入人心。白沙总是主动寻找有力的载体和平台，将所有的活动都与飞翔相连，突出企业的个性，最终达到目的：白沙 = 永无止境的飞翔。

有人说，白沙的成功，似乎有些运气的成分。看看白沙文化理念：鹤为形，和为神，飞翔之道，简单管理。这是白沙集团“二次创业”五年间一以贯之呵护的心智资源。

“和”本身是孕育农耕文明的中庸哲学，白沙人从现代商业视角挖掘传统“和”文化，便有了“竞和”的理念。卢平说：“和，是一种态度，更是一种能力。”

和，是强者的文化。在市场竞争中，只有强者才能真正拥有话语权，而弱者只能求“和”。要实现和，就必须具备核心竞争力，用品牌、实力和人才说话，进而和成天下。

和，是多赢的文化。合作的顺利开展，必须坚持多赢的原则。在追求和的过程中，要做到差异化生存、优势互补、和而不同。

和，是可持续发展的文化。白沙致力追求的正是企业与社会、人与自然的高度和谐，树立与落实科学的发展观，打造长寿品牌，实现可持续发展。

第十章

瓶颈——企业文化落地为什么难

一方面，由于经营管理者对企业文化建设重视程度不够，或是由于经营压力太大导致精力不足，往往出现了企业文化建设“说起来重要、做起来次要、忙起来不要”，文化、管理“两张皮”的现象。另一方面，企业文化落地执行中不可避免地出现对原有的工作方工、习惯的调整和转变、而习惯的转变往往需要一个过程，因此企业文化落地也会遇到这方面的障碍，变革的阻力也就更大。

难内化——注重形式，忽视精神塑造

企业文化是一种软实力，它在市场竞争中具有不可或缺的力量。文化具有教育、导向、激励、凝聚等功能，在社会经济、政治、文化体系中处于最高层次，具备统领和导向作用。特别是企业的主体文化，对培养员工对企业制度的认同、企业共同价值观的形成，以及企业精神、员工精神的形成至关重要。而企业之间的竞争，也不仅仅是依靠经济总量、产品创新的速度，更要依靠良好的人文环境、文明程度和员工整体的素质，这对于实现企业的全面发展和可持续发展至关重要。

不可忽视的是，在企业文化建设过程中，有些企业最突出的问题就是盲目追求企业文化的形式，却忽视了企业文化的内涵。企业文化形成的经营理念和价值观只有通过各种活动和形式表现出来才是比较完整的。如果只是打着企业文化建设的旗号，就失去了企业文化建设的意义，不但难以维持优良的企业文化，还会对企业的推动和发展起到相反的作用。比如有些企业天天开会倡导产品质量，然而天天都有残次品出现。没有把问题落到实处，没有找到出现质量问题的根源，没有从根本上去分析原因，也就是没有把企业文化内涵的主体内容予以细分并实施，将会对企业文化的发展造成影响。

现在，有许多企业只注重企业文化的形式，忽视了形象塑造中的精神文化。精神文化是文化设计与实施的关键，也是物质文化和行为文化的基础。但许多企业在形象塑造和文化建设中，只强调物质文化和视觉识别系统的作用，包括重点建设物质硬件、管理制度等“显”性文化，而在企业整体发展战略目标、企业定位、价值观培养、精神提升与贯彻、工作作风与行为准则建立等“隐”性文化建设上投入不够。还有的企业颠倒文化建设的次序，有本末倒置的嫌疑，割裂了文化本身的整体性和综合作用，使企业文化建设只停留在表面，难以发挥企业文化力的效果。

企业文化落地工作除了固化于制、外化于行、显化于物之外，更要转变观念，使之内化于心。很多企业对企业文化落地理解简单、片面，将文化落地等同于文化宣传，将文化落地的方式等同于文化活动，认为通过开展一些文化活动，统一职工着装，对内对外进行一些企业文化宣传就可以使企业文化落地。这样做的结果是表面工夫做得“很足”，表面看来企业形象也很好，但员工对文化理念内涵的理解和认同程度并不高，文化只是挂在墙上、写在纸上的文字，并未真正内化于心，员工并未从内心深处认同它。

企业知名度与信誉度是顾客选择产品的首要标准。而企业知名度和信誉度获得的整个过程无不渗透着文化以及文化传播的力量。令人担心的是，一些企业的品牌意识还没有完全适应市场竞争的要求，很少为企业自身系统、全面的硬性和软广告进行宣传，对外宣传与理念传播的途径和力度方面做得都不很到位，难以扩大外部影响力，增强顾客的信任感。

看看那些成功的企业，哪个不拥有高素质的管理者与员工？这就意味着企业拥有强大的竞争力。而员工素质与企业自身形象力、企业内文化氛围密切相关。建立员工之间良好的沟通渠道，有益于建立相互学习、相互提高的氛围，有利于明确员工发展方向，增强信心，提高员工学习的热情。由于一些企业只忙于规模扩张，忽略了企业内部员工在精神和文化方面的需求，以致出现部分员工工作热情不高，工作质量较差，员工学习态度消极，出现偏激、自私等现象，使企业内部的凝聚力、向心力大打折扣。

企业文化是企业在创业和发展过程中形成的基本价值观，通过教育沉淀、整合而形成的一套独特的体系，是影响企业适应市场的策略和处理企业内部矛盾冲突的一系列准则和行为方式，企业文化创新就是这一系列准则和行为方式的变革，是企业根据内外环境的变化对自己的准则和行为方

式的调整，以适应不断变化的市场，保持企业优良的竞争力。而很多中小企业认为，企业文化创新就是企业形象更新，于是，花重资金请广告公司设计标识、包装、制服和广告词，从走廊、办公室到生产车间的墙上四处张贴着各式各样的标语口号，如“团结求实、拼搏奉献”等，至于是否能真实地反映出本企业的价值取向、经营哲学、行为方式及管理风格，能否能在全体员工中形成强烈的凝聚力和向心力，是否具有本企业的特色，却没有真正去研究分析，结果这些企业文化只能停留在表面，没有任何实用价值。

难实践——企业文化脱离企业管理

企业文化是企业在长期经营过程中，在总结经营成功、失败的经验教训的基础上，由企业员工所认可的特有的共同信仰、价值观念、行为规范和奖惩规则，并由企业管理者提炼和培育起来的一种适合于本企业特点的管理理论和管理方法。它以有形或无形的形势弥漫于企业特有的氛围中，使广大员工为自己所接受的信仰而自觉工作，产生出强烈的使命感，激发出最大的想象力和创造力，在工作中实现自己的人生理想和人生价值。因此，高度重视企业文化建设与管理，才能给企业注入活力，不断增强企业竞争实力，使其在经济的浪潮中、在竞争激烈的形势下永远立于不败之地。

有些企业家认为，企业文化就是要塑造企业精神的圣经，而与企业管理没有多大关系。这种理解是很片面的。企业文化可以说是塑造企业精神的圣经，但也与企业管理有着密切的关系。企业文化是以文化为手段，以管理为目的，这种理解是有一定道理的，因为企业属于实体性组织，不同于教会的信念共同体，是要依据生产经营状况和一定的业绩来进行评价的，精神因素对企业内部的凝聚力、企业生产效率及企业发展固然有着重要的作用，但这种影响不是单独发挥作用的，它是渗透于企业管理的体制、激励机制、经营策略之中，并协同起作用的。企业的经营理念和企业的价值观是贯穿于企业经营活动和企业管理的每一个环节和整个过程中的，并与企业环境变化相适应，因此不能脱离企业管理。

企业文化落地必须通过实践来实现，而企业文化理念与实际工作的结合并不是一件容易的事情。一方面，由于企业管理者对企业文化建设重视程度不够，或是由于经营压力大导致精力不足，放松了企业文化落地的工作，未将企业文化与业务工作结合起来，甚至出现企业文化建设“说起来重要，做起来次要，忙起来不要”，文化、管理“两张皮”的现象。另一方面，企业文化落地执行中不可避免地出现对原有工作方式、工作习惯的调整和转变，而习惯的转变往往需要一个过程，因此企业文化落地也会遇到这方面的障碍，而企业文化变革阻力将更大。

不管企业的经济力量是大还是小，它都是一个实体机构，它是依据生产经营状况和一定的经营业绩来进行评价的。企业的导向、推动和发展以及企业内部的凝聚力不是单独作用的结果，而是渗透在企业管理的体制、激励机制、经营管理体系和战略之中的。因此，企业内外部环境在复杂的变量中时，企业文化不能脱离企业管理实践而成为一张白纸。

企业文化是在某一特定文化背景下，该企业独具特色的管理模式，同时企业文化也受地理和风俗的影响而具备个性化的特点。其实，每个企业的发展历程不同、企业的生产机制不同、产品的市场结构不同、企业的管理模式不同，所以对环境做出的反应策略也不同。因此，针对不同的企业，须采用独特的文化管理模式，企业管理才具备弹性和柔性，更能适应自身企业的发展需要。然而，当前企业的经营理念都是一贯性标志性口号，如“诚信，开拓，发展”，一家企业按这个理念，另外一家企业也按这个理念。这就失去了企业文化建设的意义。企业必须综合自己的内部结构体系、自身的优势和文化氛围来对“企业文化”予以建设，这也是企业

文化建设的一个关键。

企业文化可以说是由企业管理思想和管理实践两个部分构成的。从管理思想的角度看，企业文化是企业管理部门通过自己的管理实践，精心培植、倡导、塑造的一种为全体成员共同遵守、奉行的价值观念、基本信念和行为准则。加强企业文化建设，就要随着时代的变迁，更新企业管理思想，而企业管理思想来源于对社会发展方向的把握，来源于对传统文化、外来文化的积极回应以及对当代社会文化变迁过程的深刻理解。将先进的管理思想渗透到企业员工中，向他们传达符合大局的观念准则，能产生极大的凝聚力，充分调动人的积极性。借助企业文化的管理理念比传统管理的命令、监督、惩罚更人性化，更符合现代人群的特点，同时也更有牵引约束力和弹性力度。制度往往强制人达到最低标准，文化则引导人达到最高标准。

企业文化赋予员工以理想憧憬，给日常工作以高远意义，是组织员工思想、行为的依据，也是激发其创造力的源头活水。企业管理思想在员工中潜移默化，形成共同认知，使得员工知道企业提倡什么、反对什么、怎样做才能符合组织的内在规范要求、怎么做可能违背企业的宗旨和目标。在这种文化氛围中，即使持守相悖的人也会慢慢身不由己地融入这一企业文化中。

难长远——急功近利，忽视系统建设

“企业文化建设是一项系统工程”的观点在业内已基本达成共识，但由于体制机制等方方面面的原因，很多企业仍然过于注重企业文化落地的短期效果，大搞一次性投入，当时氛围浓厚，也取得了一定效果，但由于缺乏系统规划，后续工作跟不上，前期取得的一些成果也逐渐淡化，久而久之，企业也失去了文化落地的信心和动力，文化落地难以为继。

造成企业文化落地难的主要原因是企业文化理念不符合企业的现状和未来发展的诉求，因此不具备落地的基础，这是很多企业存在的问题，也是容易被企业忽视的问题。很多企业就落地而谈落地，全然不知企业现行的文化已经和企业的发展相左，即使推广、实施工作做得再好也很难见效，强硬推行甚至会阻碍企业的发展。

那么，如何评估现行企业文化是不是符合企业发展需要和员工的诉求呢？中堂国际咨询认为，从价值观认同度、共享度两个维度，可基本评估出企业文化与企业发展的匹配度。

价值观的认同度是指企业倡导的价值观被全体员工接受和认同的程度，这种认同不仅仅是员工口头上、在使用正式话语系统时认同，而且是在信仰层面、理性层面、情感层面、行为层面全方位的认同。企业的合力就取决于员工对企业目标和价值观的认同度。企业的价值观得到广大员工的高度认同，可以把企业内部各种力量会聚在一起，朝着共同的目标前进。这样，企业就像一个“动车组”，每节车厢都有动力系统并能一并前进。

因为员工对企业忠诚度的高低与其对企业价值观的认同度有密切关系，所以我们需要对企业价值观认同度进行评估。评估企业价值观的认同度可以采取以下方式：将企业倡导的价值观全部罗列出来，让企业内所有成员分别对其感知到的企业实际价值观，与心目中理想的价值观按其重要性程度进行评比排序，依序归类至自己认为的重要性等级内。

价值观共享是企业的核心价值观在得到组织中所有成员的内在认同的基础上，自觉地以企业价值观为行为准则，改变个人与企业不匹配的价值观，使组织内所有成员共享组织倡导的同一个价值观。

组织或个体高层次的精神需求一般通过以价值观为基础的理想、信念、伦理道德等形式表现出来。当个体的价值观与企业价值观一致时，员工就会把为企业工作看作是为自己的理想奋斗。所以我们需要将企业倡导

的价值观与员工认可的价值观进行调查并做出判断，也就是对企业价值观共享度进行评估。

首先，将企业倡导的价值观和其他存在的正确或错误的价值观列示，让被调查对象选择符合企业的前十个价值观并排序。然后根据频率统计列出得票最多的前十个价值观，并重点考察排在前三位的价值观。

企业的合力取决于员工对企业目标和价值观的认同度。企业价值观认同度可以通过员工对企业价值观的共享程度 SVI（Shared Value Index，价值观共享指数）来表示。SVI 指反映某一群体的价值观被群体成员所接受或认可的程度，是判断组织内共享价值观程度的重要指标。SVI 越高，表示员工价值观共享程度越高，反之则越低。

在对企业文化进行评估的基础上，对现有企业文化体系进行有针对性的完善甚至重构企业文化体系，从企业历史积淀、现实需要、未来诉求三个角度提炼企业文化的内涵，同时充分考虑行业文化、地域文化、企业家思想等因素对企业文化的影响，在此基础上形成一套切合企业实际的企业文化体系。需要强调的是，在文化体系构建过程中要充分发动员工的积极性，用理念征集、研讨等方式加强员工对企业文化的认知、认同，“接地气”的企业文化也就更易于落地了。

泰安供电公司企业文化落地研究

泰安供电公司借助“十一”长假，开展“走基层，抓落实，破难题，促提升”全面创先争优重点工作活动。

自开展创先争优活动以来，泰安供电公司以同业对标为载体，着力构建独具特色的全面创先争优工作体系，以优秀的企业文化引领全体干部员工身心合一、加快发展、卓越执行、争先晋位，企业核心竞争力显著提升。大力弘扬“诚信、责任、创新、奉献”的企业核心价值观，将其内化为员工的价值追求，外化为员工的行为准则，融入各项规章制度，落实到工作的各个环节。以打造卓越执行力活动为抓手，培养“早、快、严、细、实”的工作作风。开展统一优秀的企业文化落地实践活动，提炼形成“外峻内和、企泰人安”的安全理念。倡导“目标、思想、行动”高度协同，用坚持、坚韧、坚守、坚强的意志品质引领干部员工真抓实干、拼搏奉献、奋勇争先，把创先争优作为一种理念融入思想、作为一种动力融入工作、作为一种追求融入人生，锤炼了一支特别能战斗、特别能奉献的卓越团队。

泰安供电公司将依法治企作为提升企业竞争力的重要手段，结合“三集五大”工作部署，优化业务流程，重塑组织架构，增强“公转”意识，克服“自转”倾向。深化人财物集约化管理，推行统一的管理模式、管理标准、业务流程，建立健全、集中、统一、精益、高效的科学管理体系，提高企业的整体运营效率和效益。加大标准化建设力度，建立覆盖企业生产经营管理全过程的标准体系，实现标准体系与信息化建设的高度融合。并分解落实指标，制定“3+1”责任目标体系。与各单位签订同业对标责任书，加大对标考核力度。围绕“业绩对标当标杆、管理对标争排头、班组对标创特色、典型经验展风采”目标，加强指标分析诊断，实施业绩对标、管理对标、班组对标、典型经验“四维”对标模式，营造全员关心、全员参与、全员夺标的浓厚氛围。

第十一章

落地——企业文化如何做到落地

企业文化的关键在于“落地生根”,无法“落地”的文化就只是口号，只有倡导者的激情，却没有响应者的行动；无法“落地”的企业文化就像空中楼阁，即使建构起健全的文化架构体系，也只能悬在空中。文化在哪里？文化就在你（员工）心中，企业文化落地不仅需要企业的“心”，更需要员工的“心”！

战略保障——企业文化建设的领导体制

在很多企业中，制度和文化存在两张皮现象，制度是制度，文化是文化。企业的制度并没有跟企业的核心价值观结合起来，具体的制度条文也未能很好地体现企业的核心文化理念。制度是企业文化得以落地的保障。而在实际的经营活动中，很多企业一方面提出了自己的价值观，另一方面在制定制度时却没有将企业的价值观贯彻到制度中去。有的是因为专业技术欠缺，有的则是为了眼前利益而放弃了对企业价值观的坚持。这样的制度如果执行下去，必然导致与企业核心价值观的脱节；如果不执行，这样的制度就形同虚设，有法不依，执法不严，长此以往，企业的制度也将失去效力。

有些企业的制度很完善，但是在执行的过程中，却往往失效。企业制度的制定需要充分考虑以下几方面的因素：制度设计的奖罚力度是否到位；制度执行的成本是否合适；制度执行是否有明确的度量标准。只有适合企业的制度，执行成本通过综合权衡在企业可以接受范围之内，有明确的度量标准，有到位的奖罚力度，制度才能得到有效的执行。当然，任何制度都有不完备的地方，这就需要企业文化去补缺。制度缺失，文化又不能及时补位，千里之堤就可能会溃于蚁穴。

企业领导机制是企业制度文化的重要内容，一个好的领导机制，可使企业管理者形成一致的目标，产生强烈的动机为之努力，并能在员工中产生较强的号召力和影响力。

企业文化就是领导者文化，这句话虽不科学，但我国企业中确实普遍存在着这样一种现象，领导者的示范作用对企业的发展产生着很大的影响。因此，在推动企业制度文化建设的过程中，要注重对企业领导方式的培养，提倡民主、公正、科学的领导方式，反对独裁、专制的领导方式。

通过对领导方式的培养，在企业中树立良好的工作氛围，以领导者科学的领导方式带动全体员工养成积极、高效、团结的工作态度。

从企业领导结构建设方面看，要尽可能多地完善公司法人治理结构，并建立起完善规范的权力制衡机制。法人治理结构是现代企业制度中最重要的组织架构，它主要由股东大会、董事会、监事会和经理四部分组成。

法人治理结构的建立应当遵循以下原则：

（1）法定原则。公司法人治理结构关系到公司投资者、决策者、经营者、监督者的基本权利和义务，凡是法律有规定的，应当遵守法律规定。

（2）职责明确原则。公司法人治理结构的各组成部分应当有明确的分工，在这个基础上各司其职，各负其责，避免职责不清、分工不明而导致的混乱，影响各部分正常职责的行使和整个功能的发挥。

（3）协调运转原则。公司法人治理结构的各组成部分是密切地结合在一起运行的，只有相互协调、相互配合，才能有效率地运转、有成效地治理公司。

（4）有效制衡原则。公司法人治理结构的各部分之间不仅要协调配合，而且还要有效地实现制衡，包括不同层级机构之间的制衡、不同利益主体之间的制衡。

公司的权力制衡难以实现的根源之一就是集权和专制，专制就意味着权力的高度集中，权力集中必然会导致权力滥用，当权者的一句话就可以决定企业的命运，这显然是非常可怕的。客观来讲，只有权力才能制约权力；只有放权、分权，才可能实现真正的监督，法令、制度和规章才能得到贯彻落实。因此，企业在建设制度文化的同时，要尽可能多地完善公司法人治理结构，建立完善规范的权力制衡机制，坚持以权制权、以监制权，从而实现权力的制衡，只有这样才能真正实现企业决策和管理的民主化、科学化。

企业的领导制度，受生产力和文化的双重制约，随着生产力水平的提

高和文化的进步，就会产生与之相适应的领导体制。因此，要加强企业领导机制，首先就要完善企业领导制度。制度能规范人的行为，领导制度则能规范领导在管理中的行为，提高其管理效率。

企业组织机构的设置依赖于企业规模的大小、生产经营的复杂程度和管理的特点，使管理能够尽可能有助于实现各项制度规定的功能。科学的组织机构的设置需更多地倾向于分权化，通过权力下放，增强部门工作的自主性、灵活性和创新性，最大限度地发挥部门成员的作用，以提高管理的效率。同时，以信息管理系统联合各个部门，一方面可以达到资源共享的目的，另一方面能够快速地根据信息协调相应部门予以配合，便于部门之间的协作运行，一定程度上可以减少企业内耗。

企业组织机构的设置具体应把握以下几个原则：

（1）组织机构的设置要与企业的发展战略相结合。不同性质企业的组织机构必然是不同的，企业组织机构设置的目的是为了更合理地利用企业的现有资源，以达到整体利用最优的目的。由于企业性质不同，也就决定了主要资源的分配方向不同，进而也就决定了组织机构设置的不同。

（2）组织机构要根据企业外部环境的变化而变化。企业组织机构不是一成不变的，它要与企业环境相适应。科学的组织机构只能在特定的环境下推动企业的发展，因此，组织机构的设置要随着环境的变化而变化。

（3）组织机构的设置需要合理的人员控制界限的配合。企业在设置控制界限时，应结合人员素质、职务内容、沟通渠道、追踪控制等方面来综合考虑。

组织保障——企业文化建设的组织支持

要让文化建设向文化管理上一个新台阶，最有效的方法是文化落地，即使文化理念真正内化于心、固化于制、外化于行。笔者认为，在由文化建设向文化管理迈进的过程中，应建立一套行之有效的企业文化保障体系，促进企业文化建设行为决策科学、执行有力、规范有序。

所谓企业文化保障体系，是指以发展优秀企业文化为目标，运用系统观点和科学方法，优化企业内外环境，通过对组织、制度、物质、队伍、传播和监控等体系模块进行设计运行，搭建职责清晰、制度健全、机制完善、载体有效的保障平台，以形成企业文化建设管理的良性循环机制，最终为企业持续、稳定、健康发展提供强有力的文化支撑。

要建立总经理总体负责、分管领导具体组织、有关部门和组织相互配合实施、基层小组拓展到基层的组织结构，以保障企业文化以良好、畅通的方式发展下去。

要以权威性、代表性、协调性和创造性为原则组织企业文化建设委员会，落实文化发展战略，其人员构成应包括领导层、中层、职工代表及专家等各个层面。

要以精练、高效和有力为原则，成立负责企业文化的职能部门，具体负责企业文化建设管理的计划、组织、实施等工作；设置企业文化员等岗位，具体开展企业文化活动。

要以形式多样、覆盖面广、作用突出、贴近职工为原则，将企业文化组织保障延伸到最基层，调动职工广泛参与企业文化建设的积极性；构建基层文化建设小组，通过发展基层文化，不断增强职工素质和团队执行力。

根据企业文化建设的实际需要，外聘企业文化咨询团队作为非常设组织机构，为企业文化建设提供专业咨询、专业分析，为企业文化建设拓展思路。

此外，在组织保障模块构建过程中，还要注重将企业文化管理组织与企业组织有机并轨，营造党、政、工、团共同推进文化管理的格局。

企业文化建设是一项关系企业长远发展的全局性、基础性工作，必须

加强组织领导，形成协调推进的工作格局。实践证明，企业高层管理者对企业文化建设重视程度如何，措施是否得力，方法是否得当，是企业文化建设能否顺利推进的关键。搞好企业文化建设，企业各级领导必须高度重视，切实加强领导，并带头推动落实工作。企业各级领导要站在长远发展的战略高度，把企业文化建设列入重要议事日程，摆在企业管理的重要位置，纳入企业发展战略予以推进。企业主要负责人要正确履行职责，主动担负起企业文化建设的领导责任，身体力行，率先垂范。企业内要设立协调有力的工作机构，形成专职部门牵头、各职能部门密切配合、广大员工积极参与的工作格局，具体负责的职能部门和工作人员要主动做好协调工作，积极调动其他有关部门和全体员工的积极性和创造性。

例如，作为“中国高端厨电专家与领导者”的方太集团认为，中国企业的管理模式应该有独属于自己的特色，除了有与其他优秀企业共通的东西，还应该有适合中国人、中国企业的独特的哲学和规范。于是，方太开始把目光投向国学，从五千年民族文化的根源处汲取养分，并以“仁、义、礼、智、信”这一儒家“五常”思想的精髓，应用于企业文化与企业管理之上，从而建立起了注重管理与创新、注重道德与诚信、注重和谐共生的企业文化氛围。

方太集团认为，“仁”是企业运行的重要道德规范，要求每一位方太人都能够从同事、客户、合作伙伴、公司的角度去思考问题。“因为只有这样，大家才能共赢”，方太集团创始人茅忠群这样说，而企业也正是从这一角度，提出了令全体方太人交口称赞的“五个全员覆盖”（五大社会保险全员覆盖；住房公积金全员覆盖；身股制全员覆盖；带薪年休假全员覆盖；工作补贴全员覆盖）；形成了全行业堪为楷模的渠道销售体系；成就了千家万户消费者易用、好用、爱用的方太系列产品。

作为道德规范，“义”是仁的绝佳的补充和完善。每位员工待人接物、为人处世一定要做到合理、合宜、公平、公正。在方太，财务数据是全透明的。方太内部预算管理体系做了将近10年，每个月都要回顾，各个部门都要参与进来。因此，据记者了解，这么多年来，方太只有一套财务数据，规范性与透明程度令很多上市公司都深感汗颜。

2010年3月17日，方太集团与南方周末报社联合主办的公益性国学推广活动——“方太青竹简国学计划”全面启动。“倡导真正科学系统的国学自修环境，同时鼓励支持那些身体力行、传播国学文化的个人和组织进行国学实践，通过舆论领袖的力量来放大国学对于日常生活和企业管理的指导意义，从而进一步促进社会的稳定与和谐”，方太集团总裁茅忠群如是说。

资源保障——企业文化职能部门的人员保证

企业文化建设是一项全局性、战略性的工作，是一项需要企业众多部门通力合作的系统工程，建立健全的体制、机制是企业文化建设的前提和保障。迄今为止，部分企业由于高层重视、方法得当、措施有力，基本形成了企业文化建设的工作规律。

很多企业成立了工作领导部门，加强了专业队伍建设，落实了具体工作部门、人员及工作职责，建立起了企业文化主管部门与各职能部门分工协作、责任落实、密切配合、齐抓共管的工作机制。

企业文化建设是一项涉及企业各个层面和每一位员工的系统工程，它的有效推进，依赖于建立一个相应的领导机构和职能部门强有力的统筹、协调和管理，以及各级负责人的支持和配合，这个领导机构的名称，可以是“企业文化建设中心”“企业文化建设指导委员会”或“企业文化建设领导小组”等，并明确负责人及职能。

有的企业建立以第一负责人为组长的“企业文化建设领导小组”，下设“企业文化建设办公室”，具体负责全公司企业文化建设的日常工作和

上下协调，负责指导、检查和考核公司所属各基层单位的企业文化建设工作。

公司可以成立独立的“企业文化建设指导委员会”，统一领导企业文化建设，从制度上保证经济与文化建设的融合。领导机构负责对全公司企业文化建设的组织领导，重大措施的决策，企业文化建设目标、规划、实施和奖惩，定期研究和部署公司企业文化建设的重大活动，督促、推进企业文化建设工作。

下属企业可以建立相应的企业文化建设的工作机构，安排专（兼）职人员负责此项工作，发挥好党委、董事会和主要领导者在企业文化建设中的决策作用，大力构建一把手领导、职能部门具体负责、各专业部门各司其职、横到各单位各部门、纵到各基层班组的企业文化建设网络。企业在人才和经费上给予保证，每年召开一次企业文化建设专题会议，研究部署年度企业文化建设工作。

没有专职企业文化人员的单位，可以安排相关人员兼职，同时解决好兼职不专责、兼职不专心的问题，切实担负起本部门企业文化建设的管理责任。

在这个过程中，一般是由企业的最高决策者亲自挂帅担任委员会主任，因为企业文化工程是“一把手工程”，企业家要通过工程来体现自己的价值取向，把握工作的整体方向，在塑造企业灵魂的工程中始终占据决策地位。

同时，确定一名企业文化高层领导人担任常务委员会的副主任，在实施阶段专职从事委员会的领导工作，保证工程按计划方案正常有序地进行。

企业其他高层领导可以成为委员会的副主任或委员。委员会还应当吸收企业一些关键部门，如销售部门、人力资源机构、战略发展研究机构、文化宣传机构的负责人参加，调动各方面的力量，保证工程所需资源。委员会内部设立策划、宣传、VI 运行等专职小组成员。

此外，非专职成员还应包括企业高层、人力资源和行政部门等重要部门的主管人员等。同时，从职能上给予明确，让各小组成员明白自己所担负的重要工作，制订明确的工作计划并形成详细的工作思路和方法。

以前，有些企业设立的企业文化部门基本都是负责一些文体活动、对外宣传等工作，有的企业把这部分职能放到企业办、研发部、总裁办或者人力资源部，企业文化工作重点却被束之高阁，没有真正落到实处。目前，国内一些大中型企业均设有专门的企业文化建设管理机构，这个机构有的叫“企业文化部（处）”“企业文化建设办公室”“企业文化建设中心”。当前，主导企业文化建设的组织机构更是五花八门，有的企业成立专责中心、企业文化建设指导委员会，有的企业成立企业文化专案组，有的企业由总裁办（或总经理办公室）主导，有的企业归宣传公关部门或企业人力资源开发部门管理，有的企业则以企业文化研究会的面目出现，并明确其职能。

在“企业文化建设指导委员会”的领导下，工作机构负责企业文化建设的日常工作，对委员会决议和企业文化建设的制度、规范、标准及工作部署的执行、落实情况进行跟踪、检查，协调督促企业机关各部门和基层单位企业文化建设的各项具体工作。

例如，海尔集团视企业文化建设为企业发展的战略资源，不仅投入大量财力与人力，而且给予很高的权威。主导企业文化建设的集团文化中心与“规划发展中心”“资产运营中心”“财务中心”“人力资源开发中心”“总裁办”拥有同等的权威。海尔文化中心的职能不仅是企业文化建设的推动机构，更是企业发展战略的推展中心。

海尔人认为，一个企业要提出企业文化理念是相当容易的，被广大员工认同并成为行动指南则相当困难。为此，必须依靠文化中心将理念的抽象化东西变成可仿效、可操作，并能活生生地印在员工脑海里，而这项工

作必须由一个专门的组织机构来实施与推展。海尔的文化中心同时肩负着企业兼并重组活动中的文化整合与融合使命。这种机构的设置，使企业文化建设较有系统性，企业文化建设的步履较稳健、实在。

规划保障——企业文化建设的计划

1. 建设企业文化的意义和必要性

建设企业文化有以下两点意义：

（1）提升管理水平。企业文化是企业在长期经营中奉行、积累，经过筛选、提炼形成的，是以企业管理哲学和企业精神为核心，以企业最高目标、共同价值观、优良作风、行为规范、标识等为主要内容的，它是能够激发和凝聚员工归属感、积极性和创造性的人本管理理论，是企业行动的灵魂。加强企业文化建设，就是要用先进的管理思想和经营理念武装员工头脑，统一员工思想、规范员工行为、塑造企业形象。因此，通过构建符合企业实际、具有企业特色的文化体系，可以提升企业的管理水平，不断增强企业的综合竞争能力。

（2）加快企业发展的内在要求。近年来，许多企业各项事业取得了长足发展，综合实力逐步增强，并进一步树立了良好的社会形象。在新的发展时期，面对企业文化深化体制改革、市场竞争日益激烈、内部管理需上新台阶等新课题，迫切需要建设符合企业实际的、个性鲜明的文化管理模式，为行业经济的健康、稳定发展提供良好环境。

加强企业文化建设是一项长期而紧迫的任务。切实推进企业文化建设，着力构建与和谐社会相适应、与企业改革和发展相适应的文化体系，正确引导广大员工的思想和行为，是深化改革、推动发展的重要保证和迫切需要。

企业文化建设是一项意义深远、长期艰苦的战略任务，不可能靠短期行为一蹴而就，而要循序渐进，着眼于本单位发展的战略目标，立足于系统建设、配套建设和长期营造，立足于领导和管理层的大力倡导和积极实践，立足于全体员工持之以恒的学习、培养和参与。

2. 建设企业文化的思路和基本原则

建设企业文化的思路是：着力打造创新力强、凝聚力强、竞争力强、事业心强的团队。构建具有特色、适合企业长足发展的企业文化体系。努力建设具有科学发展理念、优秀企业文化、强烈社会责任感的员工队伍，使企业文化成为本企业持续健康发展的重要精神支柱和原动力。

建设企业文化要遵循以下基本原则：

（1）坚持服从和服务于企业的发展战略的原则。企业文化建设必须紧紧围绕企业的战略部署和工作实践来进行，从战略目标、发展方针、管理模式、队伍状况等实际情况出发，为促进本单位持续、协调、快速发展服务。

（2）坚持以人为本的原则。坚持企业文化建设的正确方向，把建设高素质的员工队伍、激活员工潜能、激励和凝聚员工为共同目标奋斗作为中心任务。

（3）重在领导的原则。要树立“领导者首位”思想，领导干部要率先垂范。领导干部是企业文化的倡导者和推行者，不仅个人的思想和行动要领先于他人，更重要的是要把领先的理念转化为企业的理念。各级干部在企业文化建设中要带头思考、带头实践，为员工作出表率。

（4）坚持循序渐进、创新发展的原则。从企业长远发展的高度统筹规划企业文化建设，按步骤、有重点地不断推进；坚持创新发展、与时俱进，在发展实践中不断赋予企业文化新的内涵。

（5）坚持尊重群众、全员参与的原则。企业员工是企业文化建设的主体，是企业文化建设的重要参与者和实践者。要积极挖掘全体员工的聪明才智，在企业精神、企业愿景和管理理念体系的构建上，要充分听取他们

的意见和建议，充分发挥全体员工的积极性和创造力，使企业的目标、信念等深深扎根于员工的心中，达成共识。

3. 建设企业文化目标和重点工作

建设企业文化的目标是：紧紧围绕本单位的发展战略，全面推进物质文化和精神文化的健康发展，深化员工对以“和谐企业”为主要特征的理念体系的认同、信奉和实践；全方位塑造企业形象，进一步提升企业品牌效应，为实现战略目标提供精神动力。

建设企业文化有以下几项重点工作：

（1）注重实践，构建有特色的企业文化。在建设企业文化实践中，通过灵活多样的方式方法，灌输先进的文化理念，提高干部员工对企业文化的认知和认同度；同时还要紧密结合实际，总结提炼具有同行业性质和企业特点的企业文化理念。

（2）规范管理，加强制度行为文化建设。企业文化要内外兼修，以理念为核心指南，以制度为外部规范，把优秀的理念转换为企业的制度和职工的具体行为。要把道德建设纳入目标管理，培育员工良好的职业道德。要建立完善的管理制度体系，通过长期的制度约束和习惯养成，把价值观内化在头脑里，外化在行动中，努力提升员工的文明素质。

（3）文化育人，培育高素质的员工队伍。企业文化建设的落脚点是要建立一支高素质的员工队伍，不断提升企业的核心竞争力。人才是企业兴盛之基，发展之本。坚持用先进文化凝聚人、培育人、激励人。要全面贯彻以人为本的理念，积极营造自我激励、自我约束、自我发展和促进优秀人才脱颖而出的环境和氛围，培养高素质、高境界和高度团结的员工队伍。建立一种团结和凝聚员工的文化力量，培育与现代企业制度相适应的思想观念，增强员工的自立意识、竞争意识、效率意识、民主法制意识、开拓创新意识。

4. 企业文化建设的实施

企业文化建设是一项浩大的系统工程，涉及方方面面。企业文化建设的实施应采用先易后难、先简单化后系统化的做法，并在实践中不断完善。

流程保障——企业文化建设的组织运作

在企业文化建设过程中，应建立一套行之有效的企业文化保障体系，促进企业文化建设决策科学、执行有力、规范有序。

所谓企业文化保障体系，是指以发展优秀企业文化为目标，运用系统观点和科学方法，优化企业内外环境，通过对组织、制度、物质、队伍、传播和监控等体系模块进行设计运行，搭建职责清晰、制度健全、机制完善、载体有效的保障平台，以形成企业文化建设管理的良性循环机制，最终为企业持续、稳定、健康发展提供强有力的文化支撑。

建立制度保障要按照融洽、竞争、有序的规则，搭建科学合理的管控机制，使职工对企业文化的认知、认同不断加强，最终形成一套企业文化建设制度体系，把企业文化推向日常管理。

要根据企业性质和职工具体情况拟定制度内容，突出企业特色；不仅文化制度要与企业目标、愿景、规划相一致，而且其内部的精神层、制度层、行为层也应体现一致性。

要有清晰的制度设计流程，对企业战略、价值观、组织结构、责任体系进行分析，深入了解制度建设的实际情况，为完善制度设计提供依据；建立完善决策制度、专项制度、激励约束制度等，通过实践检验，形成简明化、流程化制度标准，提高管理标准的科学性、有效性和可操作性。

要严格制度执行。对于违反制度、不执行制度、不遵守规则的行为要及时惩戒，保障制度的约束、激励功能。

企业物质文化是企业范围内物质形态所蕴含的文化因素，是形成企业文化精神和制度建设的基础，也是保障全员参与企业文化建设的前提条件

之一。

要重视职工的居住、休息、娱乐等客观条件和服务设施建设，根据实际需要，建立企业文化投入保障机制，为企业文化建设的顺利推进提供强有力的物质保障；要设立专项资金，做到科学预算、统筹安排、分步实施、监管落实到位；强化硬件建设，完善职工培训中心、传统教育基地、职工文化体育场所、图书馆等企业文化设施；搭建教育培训平台，加大培训教育力度，助推人才成长。

从某种程度上说，企业文化也是企业职工的文化。因此，要依靠企业物质文化建设，以职业化、专业化为重点，培养专业技术队伍、技能操作队伍，构建梯次合理的队伍保障，真正实现企业文化“从职工中来，到职工中去”。

要建立企业文化人才培养办法，积极培养企业文化研究队伍、内训师队伍、服务队伍，完善企业文化专业技术职务评聘和职业资格认证制度，强化企业文化专业人才队伍建设；拓展人才培养途径，以提升素质为基础，明确职工在企业文化建设中的权利和义务，采取长、中、短相结合的培训方式，建设高层次管理人才队伍。

作为一项系统工程，企业文化建设要运用有利于其发展和传播的监控机制，对企业文化建设现状进行测评、修正，使文化理念真正落实到每一项工作和每一位职工，保障企业文化有效推进。

根据企业文化建设管理实际，企业文化监控保障有三种类型：一是达标型监控，即通过实物观察和检验的方式定性监控，把企业文化理念体系、行为体系、视觉体系等要素细化为评价指标，对照指标，发现企业文化标准化的体系和要素存在的问题；二是过程型监控，即对企业文化传播的责任主体，就企业文化传播和落实进行针对性监控，使企业文化在职工队伍中真正被激活；三是效果型监控，即将企业文化监控的重心逐步转移到效果评估上来，评估职工的价值认同度、敬业度、工作质量以及各部门绩效、履职状况等。

执行保障——企业文化建设的考核

为了让企业文化建设达到一定的目的，领导们要在认真总结企业文化建设经验教训的前提下，把企业文化建设和管理作为企业首要的大事来抓，建立科学、完整的管理制度，以规范企业文化体系构成，规范企业文化诊断评估、企业文化设计、成果发布、宣传导入、推广应用以及企业文化修订、变革等方面的审批程序、工作流程和管理标准、工作标准，规范企业文化管理职能与分工、责任与考核。

企业文化建设工作的考核应从企业文化建设的点点滴滴，逐项检验企业文化建设工作的科学性、系统性、完整性、时效性等，以及各项企业文化建设工作目标和所有的执行情况等。

1. 企业文化诊断评估工作考核

通过专业的、中肯的企业文化诊断工作，对企业文化的历史、现状和未来展望进行分析、比较、评估，并对企业文化的优秀之处进行系统的梳理和确认，可以形成企业文化理念体系、行为规范和各项制度建设的依据。

本阶段的主要考核内容为：

（1）企业文化建设前是否开展了企业文化诊断评估工作。

（2）企业文化诊断评估工作的专业性和严谨性，查看工作日志和工作总结。

（3）企业文化诊断评估报告的系统性、科学性、逻辑性和充实性以及数据的准确性等。

2. 企业文化体系建立及实施规划设计工作考核

在第一阶段企业文化诊断评估的基础上，系统地构建企业文化理念体

系和行为规范体系，并制定企业文化建设的推进实施规划。这是企业文化建设中的关键一步，理念和规范的提出一定是要基于对企业文化的充分评估基础上的，表述要准确，体现企业的个性和需要。企业文化建设推进实施规划要具有指导性和可执行性。

本阶段的主要考核内容为：

（1）企业文化理念体系的系统性、准确性、完备性、开放性等。

（2）行为规范体系对企业和员工行为的指导性、约束性和可执行性等。

（3）企业视觉识别系统。

（4）企业文化建设实施规划的系统性、指导性和可执行性等。

3. 企业文化体系传播工作考核

以多样化的宣传、培训与讨论等方式对企业文化理念和行为规范进行内外部宣传与贯彻。各级领导干部和管理层干部员工是企业文化导入的主体，要带头精读、精通公司企业文化，把握实质和精髓，以其指导工作和行为，并由上而下推行，使企业文化体系及其内涵传达到公司每一位员工，使员工全面掌握、深刻领会、高度认同企业文化，自觉按企业文化要求规范自身言行。

激励保障——企业文化建设的奖惩

企业文化是全体员工共同反映出来的价值观念、工作作风及行为规范的总和，是一个企业在长期发展中形成的独具特色的精神财富的总和。它对于增强企业的向心力、凝聚力及稳定员工起着极为重要的作用。纵观许多企业文化建设现状，仍是不尽如人意，问题突出，主要有以下几种情况：

（1）文化虚无主义。企业领导人对企业文化缺乏足够认识，不重视对员工的教育培训和精神疏导，导致企业没有一定的文化理念和价值导向。

（2）文化理想主义。这类企业提出一些远大的理想抱负，以及崇高而玄妙的做人理念，极力向员工加以灌输，但却没有扎扎实实地结合当前的企业现实，引导员工的思想意识和行为观念，营造一种鼓舞士气的文化氛围。

（3）文化功利主义。要么表现为急功近利，某种偶然的因素使企业领导人心血来潮，把企业文化奉为圭臬，妄想在短时间内建立起优秀的企业文化，却忘记了企业文化是需要长期积累的；要么过分注重物质激励，领导在员工的激励与奖惩方面过分依赖于经济的手段，并不了解员工的全面需求，因而在一系列规章制度及文化活动中充斥着拜金主义的气味，员工精神生活单一，缺乏成就感。

（4）文化愚民主义。企业领导者试图在企业精神和经营理念上淡化员工的个人价值和利益，片面强调某种对自己有利的文化价值观，比如，过分强调对企业的忠诚和奉献，却千方百计地回避对员工的尊重及员工的福利保障，所谓的企业文化只不过是一件装饰品，用以愚弄员工而已。

（5）文化专制主义。主要表现为企业领导人所倡导的观念和文化倾向于强化个人权威、维护企业内等级森严的管理制度，有意制造某种个人崇拜的氛围，结果是压抑员工个性，阻碍创新和变革。

上述各种问题的出现，可能是由多种因素造成的。但最根本的原因是抑制了人的个性，忽视了人的全面需求。企业是一个生命体，产生活力的源泉是人，企业的一切生产经营活动都是通过有活性的人去实现的。企业文化建设应在准确把握人的本性及需求的基础上，致力于卓有成效地使人的主动性和创造性更充分地发挥出来、增强员工的凝聚力和团结合作精神。为此，创建企业文化应当以人为本，围绕着尊重人、关心人、公平待人、满足人的需要、实现人的价值几方面来设计内容、规划方案、选择路径、采取措施。创建企业文化不仅应当创建独具特色的企业精神，更需要

在创建企业文化的过程中，致力于创造公平与效率相结合的激励机制。

激励制度要想得到有效实施，有两个方面至关重要：一是要公开、公平；二是要有科学合理的考评依据。企业文化是通过一系列的管理制度来体现的，如激励政策的透明性、工资分配的相对公平性、人员使用上的合理性等，都反映了企业的经营理念和倡导的价值观。当员工感到所在的企业是一个公平的环境时，就会焕发出很强的活力，工作主动，勇于创新。相反，如果管理者在确定员工的薪酬时毫无客观依据，想给谁多少就给谁多少，那么员工必然产生抱怨，从而影响员工的工作态度和效率。由此可见，卓有成效的人力资源管理是对企业文化的有力支撑。有效的激励方法要有“即时”性，即时地对职工的创造行为和价值予以肯定，同时要有创新性，即具有自我创造特色，这会使职工在心理上产生一种对企业特有的生机和活力的认知感和荣耀感。

当然，公平是与效率相结合的，它绝不是平均主义。由于企业中不同员工的能力有很大的差异，工作性质和岗位又各不相同，因此必须合理界定个人获取收益的不同方式。如有的获取资本收益，有的获取劳动收益，有的获取智力收益。不同的收益方式必然带来收益量的悬殊。对于这种合理的收益差别应在企业倡导的价值观念中予以肯定，并体现在激励制度当中。

海底捞深入人心的服务文化落地实例

作为一家遍布全国的连锁火锅店，“海底捞”对许多食客来说并不陌生，其经营之道也成为餐饮界企业模仿的榜样。每一个去过海底捞的顾客都会有这样的感受：第一，顾客多，排队两个小时去吃上一顿火锅很常见。第二，服务好，点菜会提醒你可以只要半份，以免浪费；饭桌上刚准备做手势，服务员已经心领神会地跑过来了；排队等餐时会有人帮你擦鞋。第三，服务员总是保持微笑。

是什么魔力让海底捞的员工如同打了鸡血一样，工作起来充满激情呢？答案很简单：快乐工作，为自己工作！作为海底捞的员工，公司会为他们提供正规公寓，配有空调，可以免费上网，并雇专人为员工宿舍打扫卫生，换洗被单。为解除员工后顾之忧，四川简阳还建立了寄宿学校以便员工子女就近入学；为增加员工的自豪感和荣誉感，公司每月定期将优秀员工的部分奖金寄给其在家乡的父母。除此之外，通畅的晋升制度也是海底捞服务差异化战略的核心保障。针对员工素质参差不齐的现状，海底捞提供了管理线、技术线、后勤线三条晋升途径供其选择。在海底捞，学历不重要，资历不重要，只要“正直、勤奋、踏实，每个员工都能成功”的理念深入人心。同时，公司给予员工充分授权，海底捞的服务员都有免单权。只要员工认为有必要，不论什么原因，都可以给客人免费送一份菜，甚至免掉一餐的费用。显然，在海底捞的管理体系中，每一个基层服务员都是一个管理者，员工已不仅仅是机械地执行上级命令，而是用“心”在为自己工作。

心理学家研究证明：当你用心去做某件事的时候，发挥出来的创造力最大。如何用“心”？“把员工当成家里人”便是海底捞成功的秘诀所在，这也从侧面印证了 IBM 前总裁沃森提出的原则：“就经营业绩来说，企业的经营思想、企业精神和企业目标远远比技术资源、企业结构、发明创造及随机决策重要得多。”可见，作为企业经营者，要达成良好的管理，形成优化的人文环境，必须秉持“尊重人的管理”这一基本原则。对人力资源的运用，应脱离物的范畴，体现出人之为人的价值所在：自由、民主、正义、公平。要将企业员工看作组织、事业发展的根本；要尊重他们的人格、尊严、存在价值和创造性潜力；要公平对待所有员工，关心他们的发

展与进步等。当员工不再是追求管理目的的某种可以利用的手段，而是获得了超越生存需要，追求全面自由发展的时候，其本身恰恰实现了管理的最终目标，也是“人本”管理的实质所在。

在企业管理中，要想最大限度地调动人的积极性和创造性，有效激励至关重要。其过程模式可表现为：需求引起动机，动机引起行为，行为指向一定目标。当目标实现时，再产生新的需求，周而复始。因此，适当满足人的需求，是对人本身的尊重，也是对社会历史规律的尊重。作为管理活动的前提，企业经营者应针对员工不同需求采用不同的激励方法：物质奖励和精神激励协调使用、正负激励手段同步进行等，使员工将个人目标与组织目标趋于一致，从而为组织目标的实现付出高效率的个人努力。

其实，人本管理中还蕴含一种更高的理想境界——在生存空间有限、资源缺少和人口迅速膨胀的条件下，经济增长和社会发展赖以持续的基础就是人类自身的进化，这种进化包括人的智力和提高资源配置、效率能力等整体素质的提高和完善。可见，尊重与实现员工的价值，促进人性完美发展，也是现代企业管理的趋势所在。

第十二章

突破——企业文化核心理念体系突破

企业能否不断地创造新的价值决定着企业能否持续发展，企业文化需要的是不断突破，不能故步自封。如何才能实现从“心”到“行”的文化“落地”？如何才能使企业文化从无形走向有形、从精神层面落实到具体行动？

去伪存真——企业文化简单化的流程与方法

作为一名企业管理者，当你向客户介绍公司的文化时，会发现很难用几句话说清楚，即使费尽口舌地解释半天，他们可能还是摸不着头脑。不要怀疑是你的表达能力出了问题，再好的演讲家也很难完成这一任务。大到企业战略，小到员工的衣食住行，都是企业文化，不可能用短短的几句话解释清楚。我们不要试图把文化剖析得光亮透明，那是不可能也没有意义的事情。但是，如果我们想让客户大体了解企业文化概貌，却很容易，甚至用几个词就可以办到。企业文化如同树叶，天下不可能有完全一样的两片叶子，但可通过归类寻找特征，如银杏的叶子呈扇形、水杉的叶子呈条形、黑松的叶子呈针形……如果将文化分类，也能轻易地识别文化特征。

成功的文化执行应当是“简单”的。在过去几年企业文化咨询的成功实践中，我体会到，成功源于“简单”，来自于对最基本的成功原则的依靠。在对失败的企业文化咨询及实施进行分析时，我们也发现，把简单的问题复杂化，或者“故弄玄虚”的方案没有成功的。

一个拥有优秀文化的企业，毫不夸张地说，可以打败体制带来的种种不利，但完全把企业的发展和命运放在文化倡导上，是得不偿失的，必须建立起一种有效的机制和制度。我非常看重卢平总裁提出的“职业化”的语境，把“职业化”的要求和微软的“离破产只有18个月”、华为的“华为的冬天”以及海尔的“战战兢兢，如履薄冰”相提并论，它实际上是从企业生死存亡的角度来思考问题的。“以此为生，精于此道”也就有了更深刻的内涵。

假若要在简单管理和“职业化”之间寻找出平衡点，我觉得应该是“自我管理”。简单管理就是“把复杂事情简单化”的过程，只有“化繁为简”，才能复归于简单。而“自我管理”就是自我挑战。简单管理的终极，是达到一种境界。境界是对技巧的超越。而要达到这种境界，其实非常不简单，需要理念上的彻底调整，需要对工具、方法、技巧的反复研习，需要经历一个非常复杂而痛苦的过程，只有这样才能“化蛹为蝶”，浴火重生。这是一个挑战自我、战胜自我、超越自我的过程。用简单挑战自我，是一种令人敬佩的勇气，会迎接一个值得期待的未来。

简单必须经过烦琐的洗礼，就像开车一样，要先了解汽车运行的原理和交通法规，再去反复练习才会成为一个合格的司机。所谓简单管理，是指在企业运作过程中，准确找到适合自身发展的规律，去伪存真，由此及彼，由表及里。简单管理的几个关键点是：立足事实，贯通表里；深入本质，把握规律；删繁就简，直截了当，提高效率；强调执行，即把理念转化为实际行动。

简单管理实际上是“删繁就简”的一种工作方式，说到底是一种执行文化，解决的是许多企业一贯存在的“不知所以然”“理念在天上飘，行为在地上爬”的弊端。简单管理在表现上追求简单，在内涵上则要求深刻、丰富，要求对工作的规律有深刻的认识和把握。实现简单管理，要求不简单的能力和知识水平；行动是简单的，但行动背后要求专业化的能力和水平。简单管理是文化。文化是系统工程，当文化上升到员工的自觉行为，就变得简单了。简单管理是战略。有所为，有所不为，做到这一点并不容易。

简而言之，简单管理其实并不简单，其作用也不可小觑：简单管理会使企业的效率、竞争力及管理水平得到空前的提升。

简单管理或者说简单主义是由白沙集团率先提出来的，借用“简单”两个字，体现的是企业的文化追求、管理模式和特点。白沙强调理性，白沙集团总裁卢平的思维方式深刻而简练，她是简单管理的提倡者和忠实贯彻者。但是把这种理念贯彻到企业各个层面，绝不是一两天就能做到的，

需要长期修炼。将文化落地为一种执行文化，并不是一蹴而就的。白沙在一些方面已经做得很好了。如迅速决策、“一张纸制度”、管理集成、信息公开和整合、上级与下级和执行人与管理人之间的透明、无缝链接、消除信息梗阻、消灭信息孤岛、责任标准流程三个唯一、立法执法监督三权分立、无边界协同、团队意识、真相管理、责任终身制、技术研发的环保和个性化追求、财务上的稳健管理和一支笔审批、生产中下工序是上工序的客户、简单而不要过度服务、人力资源的职业化要求等。

放下复杂，才能接近简单。简单必须经过烦琐的淘洗。简单是在复杂之上的，跳出复杂才能简单。而简单管理真正落实到企业各个部门、每位员工身上，真正形成自觉的行为，更需要有一个相当长的时期，关键是必须先复杂、精细，然后才是简单。

反向求证——企业文化反面化的流程与方法

企业文化反面化的诊断方法有两种。

一种诊断方法是把企业各级领导集合起来，把企业的观念一句一句地进行解释，然后让他们把所想到的能代表这种理念的人物、事件说出来或写出来。如果大部分人都能联想到代表人物或事件，且事件相对集中，就说明企业的文化得到了大家的认同。而如果大多数人不能说出或写出代表性的人物或事件，就说明企业文化和企业理念没有得到员工的认同，就更谈不上对员工行为的指导作用了。

另一种诊断方法就是在全体职工范围内进行企业文化的特征分析，根据特征分析给本企业定位，主要有三种类型：病态涣散型、被动防守型和主动建设型。

（1）病态涣散型的特征：共同的企业价值观缺失；员工不关心企业成长；开拓进取精神受到压抑；领导形象没有感染力；企业部门之间、成员之间无法良好沟通。

（2）被动防守型的特征：按常规出牌，步调较统一；缺少创新意识；满足于现在成绩；员工对企业的依赖性较强；应变能力较弱；各部门间互相推脱责任。

（3）主动建设型的特征：拥有明确的、富于创新性的价值观；员工自我实现意识较强；企业领导善于开拓进取；企业内部、外部关系通畅；强烈的危机感和风险意识；充满生气、鼓励个人见解。

企业文化反面化的流程主要是由以下步骤组成。

（1）在企业找10位从创业到发展全过程都参与的人，让他们每一个人讲三个故事。

（2）把重复率最高的故事整理出来，进行初步加工，形成完整的故事。

（3）找10个刚来企业一年左右的员工，最好是大中专学生，把整理好的故事讲给他们听。

（4）把专家和有关企业领导集中封闭起来，对记录的内容进行研究、加工，从中提炼出使用率最高的代表故事精神的词。这些词经过加工，就是企业精神或企业理念。

（5）按照提炼出来的反映精神或理念的核心词，重新改编故事，在尊重历史的前提下，进行文学创作，写出集中反映核心词的企业自己的故事。

（6）进行企业文化的强化与培训。首先，对全体员工进行企业文化培训。其次，树立和培养典型人物。最后，以企业文化理念与价值观为导向，制定管理制度。

旗帜鲜明——企业文化主题化的流程与方法

管理是企业永远不变的话题，而企业文化建设是管理现代化企业的主要途径。换一句话说，管理也是文化。企业文化是一种价值观，在企业内部表现为摒弃什么、鼓励什么、反对什么、宣传什么等，其价值观念是通过企业员工的行为活动来表达、发展的，可以说，没有高素质的员工来执行和传达企业文化，再好的企业文化规划也等于零。

首先，树立“人才就在企业里，人才与企业一起成长”的观念。这是构建“以人为本”企业文化的重中之重。管理学对于人的假定提出三个阶段：第一个是“泰勒阶段”。人被假定为“经济人”，就是说人要穿衣吃饭，所以要干活挣钱，管理学在这个时候强调的是控制；第二个是“德鲁克阶段”，把人假定为“自然人”，人不仅要穿衣吃饭，还要有归宿感，管理学在这个时候强调的是激励，就是企业不仅要给人物质，还要满足人的精神需求；第三是“西蒙阶段”，人被假定为“决策人”，就是说不仅要体现自我价值，还要求自我设计、自己当自己的主人，所以管理学在这个时候强调赋予人的权利。

其次，加快职业化的队伍建设，推动经营管理向战略管理和文化管理发展。企业的经营业绩来自于员工们兢兢业业地把自己的本职工作干好，而企业家则是在企业发展中做出正确的战略及指导下属们完成各自的工作，是企业实现文化管理的决策者和带头人，是企业的核心。企业价值观、道德观、责任感等思想意识与精神将在他们身上集中体现。企业家应有以下基本素质：具有广博的知识水平，通晓现代大型企业经营理论与实务，组织控制经验丰富；具有高尚的价值观、道德情操，品格修养完善，有强烈的责任感、事业心、奉献精神；具有敏锐的洞察力与创造力，坚忍不拔的勇气、毅力和开拓创新精神；具有人才观念，掌握领导艺术，知人善任；具有较强的风险意识及处置、抵御风险的实际能力。为进一步提高企业管理队伍的素质，应逐步建立各职务资格认定制度、任职收入制度、培训培养制度、市场化评价制度及监督制度一系列配套的制度。

再次，要建立健全人事激励约束机制，科学管理和配置人力资源。企业竞争的核心是人才竞争。要按照干部人事制度改革的精神，稳步推进领导干部竞聘工作，建立“赛马机制”，树立“能力、表现与实绩重于一切”的观念，建立和实行公开、公平、公正的人才选拔机制，为优秀人才的成长、使用提供均等的机遇。逐步实行专业技术岗位等级管理，为不同类型的专业人才提供人尽其才的发展空间。探索人才开放政策，加快吸纳国内外一流人才的步伐。完善绩效考核目标体系，严格按绩用人、按绩付酬，形成员工能进能出、干部能上能下、收入能多能少的激励约束机制。

最后，要加强员工教育培训，提高员工队伍整体素质。要全面加强员工的素质教育，既要提高科学文化素质，又要提高思想道德素质，尤其要加强政治思想教育和职业理想教育。要通过专题研修与学术交流相结合、行际交流与本单位业务岗位交流相结合、境外考察与海外培训相结合、学历教育与资质考试相结合等形式，培养和造就企业发展所需要的高级专门人才队伍。这对于构建卓越的企业文化，把企业办成真正的现代企业具有特别重要的意义。

全体动员——企业文化个体化的流程与方法

某些企业的文化建设只表现在口号阶段，没有进行深入塑造，这主要是由于企业高层缺乏系统建设企业文化的决心和勇气，另外也是对企业文化塑造有误解，认为企业文化是以理念塑造为主，如果把它变成制度，就会削弱企业文化的凝聚作用。

问题的关键是，优秀的文化恰恰要形成纲领，让员工们心中有数，一

眼明了。尤其对于人力资源制度，包括招聘、培训、考核、薪酬、任免、奖惩等，都应该深刻体现出公司的企业文化。著名的惠普文化就非常强调对人才的培养，惠普有完善的培训制度，员工从入职开始，就一步步地接受各种有针对性的培训。例如，惠普把培训也列入每个经理人的职责，公司 90% 的培训课程是由经理们上的。在惠普公司的理念中，这是投入产出比最高的投资。惠普之所以能成为行业内的楷模，就在于它不仅树立了一种优秀的“以人为本”的文化，更把这种文化生根发芽，从制定科学的制度入手来落实优秀的企业文化。

卓越的企业文化并不是只有企业的高管认同，而是要让所有的员工都认同。企业在引进新的企业文化时，首先应该根据自己提炼的理念体系，找出企业内部现在或者过去相应的先进人物、事迹进行宣传和表扬，并从企业文化的角度进行重新阐释。海尔前总裁张瑞敏“砸冰箱”的故事人人耳熟能详，是理念故事化的典范。

在企业文化的建设中，先进人物的评选和宣传要以理念为核心，注重从理念方面对先进的人物和事迹进行提炼，对符合企业文化的人物和事迹进行大力宣传。在一家合资公司的企业文化咨询项目中，我们帮助他们按照企业文化的要求进行先进人物的评选，并在公司内部和相关媒体上进行广泛宣传，让全体员工都知道为什么他们是先进，他们做的哪些事是符合公司的企业文化的。这样的榜样为其他员工树立了一面旗帜，同时也使企业文化的推广变得具体而生动。

企业文化要从大处着眼、从小处着手。不要以为企业文化有多高深，作为高层管理者，只要你在日常工作中稍加注意，一样能塑造出浓浓的企业文化氛围。在惠普，即使对董事长，员工都是直呼其名。同样，在联想集团，从总经理到基层员工，大家都提倡直呼其名。通过这样的称呼，拉近员工之间的心理距离，从而提升员工之间的凝聚力。

高管们是企业文化的“设计师”和“牧师”，既是建设者，也是传播者。不要离你的员工太远，抽出时间到你“大厦”的建筑现场看看那些辛勤工作的“工人”们，慰问一下他们，并适时地传播你的文化，这非常有效。通用电气在自己的价值观里，明确提出“痛恨官僚主义”，提倡管理人员深入基层，进行调查走访。通用电气前总裁韦尔奇就经常找一些中层和基层主管进行沟通，他的一句名言是“沟通、沟通、再沟通”。

作为企业文化的建设者，高管们承担着企业文化建设最重要也最关键的工作。有的企业老总问：塑造企业文化，什么最关键？答案是：先把你自己塑造成为企业文化的楷模！一些企业高层管理者总感觉企业文化是为了激励和约束员工，其实更应该激励和约束的，恰恰是那些企业文化的塑造者。他们的一言一行都对企业文化的形成和推广起着至关重要的作用。企业的高层领导往往是各种理念、制度的直接破坏者，他们负面的言行对企业文化的破坏作用更大。

很多企业在进行企业文化建设时，总是不惜花费重金举办许多活动、培训和研讨，其实企业文化的精髓更体现在企业日常管理那些不起眼的事情上。作为企业管理者，不管是高层还是中层，都应该从自身实际出发，首先改变自己的观念和作风，从小事做起，从身边做起。杨森制药有限公司是目前我国医药工业规模最大、品种最多、剂型最全的先进技术型合资企业之一。该公司大力宣传以“鹰”为代表形象的企业文化，公司是这样解释的：“鹰是强壮的，鹰是果断的，鹰是敢于向山巅和天空挑战的，它们总是敢于伸出自己的颈项独立作战。在我们的队伍中，鼓励出头鸟，并且不仅要做出头鸟，还要做搏击长空的雄鹰。作为企业，我们要成为全世界优秀公司中的雄鹰。”经过大刀阔斧的企业文化建设，该公司员工的素质有了明显的改变，对公司产生了深厚的感情，工作起来也更为顺利。

塑造企业文化的方法并不是只有一种，最为关键的还在于企业管理者尤其是高管者有没有决心和勇气先把自己塑造为企业文化的榜样，能不能首先自己认同并传播公司的文化，这是决定企业文化成败的关键。

大道无为——企业文化生活化的流程与方法

企业文化建设对企业来说，是有百利而无一害的，在利益动机和欲望被充分激发出来的前提下，包括企业老板在内的公司高管，都在为利益而绞尽脑汁，同时又都面临着竞争激烈等问题，需要通过不懈努力，在无情的竞争中求得生存和发展。因此，只有听取员工的价值主张、注重他们的利益需求，才能充分激发出他们的积极性，使他们理解并认同企业文化的价值理念，将企业使命变成岗位责任，将企业目标变成共同愿景，将企业精神变成心灵契约。

在建设与企业要求融合、与发展目标统一、与发展环境相适应的文化战略时，不但树立起“不生产、不放过、零缺陷”的质量观、“浪费的是生命，节约的是精神”的成本观和“岗位靠到位，收入凭工作”的工作观，还提炼了“工作干得出色，自己活得精彩”的生活观。企业文化建设的出发点和落脚点，在企业价值观体系中形成完整的逻辑联系，从而使“为社会提供最新、最优产品和满意服务”的企业使命、“建设具有国际化和全球竞争观念的世界行业第一强企”的企业愿景入耳入脑，内化于心，并有效转化为广大员工具体的创新行为。

企业文化的核心是价值观，价值观是行为的纲领，其价值在于精神变物质、物质变精神的相互渗透，而转换的桥梁则是制度执行。譬如企业确定了“员工人才、谁都成才”的人才观，就要有“英雄不问出处”选人用人机制，搭建员工岗位成长、成才的平台，为各类人才脱颖而出、才尽其用创造条件和机会。否则，说一套，做一套，并没有按着说的做，将倡导的先进理念束之高阁，装点门面，就使文化建设变成了失去灵魂的行尸走肉。良好的初衷因制度执行不到位而使文化融合出现问题，在企业文化建设中屡见不鲜。因此，企业文化建设只有在企业制度设计中得到充分体现，使企业倡导的价值观固化于制，才能起到铸魂塑形、规范行为的作用。

例如，康奈集团的职工之家如同一个综合性娱乐场所，里面硬件设备非常齐全，室外有塑胶跑道、篮球场、网球场、羽毛球场，室内还有阅览室、台球室、乒乓球室、电脑室、卡拉 OK、多功能厅、棋牌房等。据康奈集团办公室主任蔡发荣介绍，“公司还设立了各种俱乐部、党校、青年文化中心、书友会、文学爱好者协会……党组织还下设有工会和团委，员工进入企业后要进行军训、始业教育、灌输员工企业的文化理念等几个环节的培训。另外公司组织每年定期去员工家家访、寄慰问信，带领员工参加社会活动，捐款、捐物，并积极参与文明城市建设，帮交警维持交通、与养老院和社区结队。公司这些年来，在这方面的总投资达 300 万元。”

温州某服饰有限公司总经理说：“我们是一个年轻的团队，公司经常组织员工一起参加各种各样的活动，大的有这么几个方面，首先就是一年一度的旅游，基本上都安排在销售淡季，今年八月份将去南麂。再者，就是每月一次的阳光活动，组织各类比赛，比如跳绳、下棋等，隔几个月还会组织一次烧烤、游泳之类的活动。此外，文体方面也很重视，过节组织晚会，平日交叉点有自己的篮球队和足球队，无论是公司老总还是普通的员工大家经常在一起打球。内部也经常玩一些即兴的游戏，整个氛围是相当活跃的。”

万科企业文化主题化突破

万科公司给自己的定位是：成为中国房地产行业的领导者。万科对公司内部所有员工平等，对社会开放，致力于建设“阳光照亮的体制”，并

把人才视为公司的资本，提倡“创造健康多彩的人生”，其企业文化案例堪称业界的标准楷模。

当一个行业发展到一定阶段时，企业之间的差异会体现在企业文化上。的确，企业文化很大程度上反映出一个企业家的思想境界。从王石领导的万科可以看出企业文化与企业家眼中的浓郁的人文情怀是密切相关的，万科“阳光照亮的体制”让其“创造健康多彩的人生”逐步实现，企业家的思想境界也影响着企业的健康发展。

1. 企业愿景

万科的未来目标是成为中国房地产行业的领导者。为了早日达到目标，万科要求全体员工从下面几个方面努力：

（1）不断钻研专业技术，提高国人的居住水平。

（2）永远向客户提供满足其需要的住宅产品和良好的售后服务。

（3）展现“追求完美”之人文精神，成为实现理想生活的代表。

（4）快速稳健发展公司的业务，实现规模效应。

（5）提高效率，实现业内一流的赢利水准。

（6）树立品牌，成为房地产行业最知名和最受信赖的企业。

（7）拥有业内最出色的专业和管理人员，并为其提供最好的发展空间和最富竞争力的薪酬待遇。

（8）以诚信理性的经营行为树立优秀新兴企业的形象。

（9）为投资者提供理想的回报。

2. 企业宗旨

万科的企业宗旨是建筑无限生活。其宗旨有几方面的含义：

（1）对客户，意味着了解你的生活，创造一个展现自我的理想空间。

（2）对投资者，意味着了解你的期望，回报一份令人满意的理想收益。

（3）对员工，意味着了解你的追求，提供一个成就自我的理想平台。

（4）对社会，意味着了解时代需要，树立一个现代企业的理想形象。

3. 核心价值观

万科的核心价值观是创造健康多彩的人生。核心价值观包括几个方面的内容：

（1）客户是万科永远的伙伴。

客户是最稀缺的资源，是万科存在的全部理由。

尊重客户，理解客户，持续提供超越客户期望的产品和服务，引导积极、健康的现代生活方式。这是万科一直坚持和倡导的理念。

在客户眼中，公司的每一位员工都代表万科。

员工 1% 的失误，对于客户而言，就是 100% 的损失。

衡量员工成功与否的最重要的标准是让客户满意的程度。

与客户一起成长，让万科在投诉中完美。

（2）人才是万科的资本。

充满激情，把本职工作视为生命另一半的员工是公司最宝贵的资源。

尊重每一名员工，为出色的员工提供一个健康向上的理想环境，是万科走向卓越的有力保证。

万科尊重每一位员工的个性，尊重员工的选择权利；所有的员工在公司人人平等，在机会面前人人平等；万科提供良好的工作环境，营造和谐的工作氛围，倡导简单而真诚的人际关系。

经理团队是万科人才理念的亮点。坚持培养专业化、充满激情和创新精神的职业经理队伍，是万科持续发展的一项重要使命。

万科提倡“创造健康多彩的人生”。工作不仅仅是解决温饱问题的方法，更应该带给员工们快乐和成就感。8 小时之外，万科鼓励所有的员工追求身心的健康，追求家庭的和睦，追求个人生活多姿多彩。

学习是一种生活方式。

（3）“阳光照亮的体制”。

万科对内平等，对外开放，致力于建设“阳光照亮的体制”。

专业化 + 规范化 + 透明度 = 万科化。

规范、诚信、进取是万科的经营之道。

万科鼓励各种形式的沟通，提倡信息共享，反对暗箱操作。

万科反对任何形式的官僚主义。

（4）持续的增长和领跑。

万科的定位是成为中国房地产行业的领导者。

经过市场设计创新、理念创新、服务到位和制度严格，追求稳定、持续的增长，是万科迈向行业领导、创造多彩人生的有效方法。

在适应市场竞争中，万科公司始终以灵活方式、奋发向上、永怀理想与激情，一次次刷新自己的成绩，不断满足客户的愿望。

坚持发扬“阳光照亮的体制”，秉承规范、诚信、创新的宗旨，是万科走向卓越的有效方法。当国内其他房地产企业提出少于 40% 的利润不干时，万科逆流而上，高于 25% 的利润不赚。万科不以暴利为目的，不只是简单为客户提供一所房子，而是参与城市环境保护和城市文化建设的进程，抱有对城市尽力、对人民负责的使命和理想。

万科公司一直坚持简单、规范、透明，绝不要求员工在任何场合采用不同的价值标准和行为准则。万科秉承“人才是万科的资本”这个理念，促使员工和公司、客户、合作伙伴之间一直保持互利、双赢的关系。二十多年来，万科一直保持行业领跑者的地位，实现了企业的稳定发展，在此过程中，起到有力作用的就是万科的一克拉文化。

二十多年来，万科公司的一克拉文化所体现的人性化管理，慢慢贯彻到管理工作中，公司一直奉行“创造健康多彩的人生”，关注工作与生活的平衡；为员工提供可持续发展的空间和机会；倡导简单人际关系，致力于营造能充分发挥员工才干的工作氛围。经过不懈的努力，万科打造出一支充满激情、忠于企业、精于专业、热情工作的职业经理团队，形成了追求创新、不断进取、蓬勃向上的公司氛围以及用人之道。的确，万科的一克拉文化所体现的用人原则是企业多年来持续发展的动力。

“万科是一个富有理想和激情的团队，充满着追求创新的进取精神和蓬勃向上的朝气。公司致力于培养职业经理阶层，为职员提供可持续发展的机会和空间，努力创造公平竞争的环境。公司提倡个性发挥、倡导健康丰盛的人生……”通过对公司发展历程、品牌建设和公司理念的介绍，行将踏入万科工作的人可以初步的了解万科，同时可以很好地憧憬着自己的职业发展，在新员工心中树立信念和自豪感。这更验证了万科创始人和掌门人王石的名言：“人才是一条理性的河流，哪里有低谷就流向哪里。”